解 Unlock 鎖
未來教育

簡志峰——著

直擊**13**個教育現場，解讀孩子學習問題，
共創自發、互動、共好的學習環境

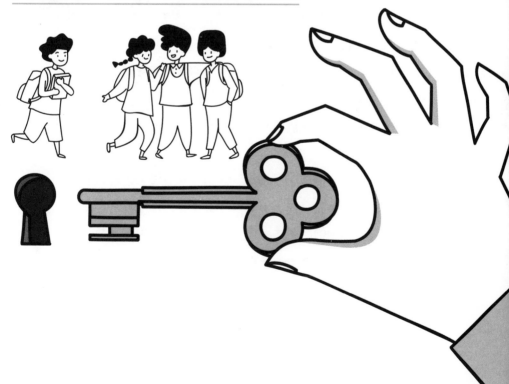

作者序

　　我是一個在南部鄉村長大的孩子，從小接受傳統考試導向教育，父母期待我當個公務員老師。小的時候還不懂考試導向教育的問題，只覺得對這樣的教育方式感到疑惑和厭惡，長大了才知道這是填鴨式教育。

　　求學時代我是現在年輕人口中的「魯蛇」，大學重考，台灣的研究所考十間都落榜，其中有一間還是中原大學，結果十年後我回到這間學校當老師。我沒有實現媽媽的夢想，當國中小老師，卻當上大學老師。

　　我回想自己小時候想讀課外書時，卻被長輩責備：「先把課內的書看完，有時間再看課外書。」小時候我不喜歡背書，認為背完即忘的內容很沒有意義。自己更不知道為什麼要讀書，所以沒有學習動機。

　　這些事情在我歷經十多年後，依然沒有改變，我看到孩子因為被逼迫念書和考試，而失去學習的樂趣。我也看到孩子進教室就入定，因為他們被迫消極參與「上課」。孩子們找不到學習興趣、學習目標、學習意義和學習動機。

　　當你問孩子：「為什麼要念書」、「為什麼要上大學」、「為

何要學習」，孩子的回答幾乎千篇一律：「考上好大學爸媽會比較開心吧」、「為了找到好工作」、「因為同學都在念書」、「不念書不知道要做什麼」。

　　現今 108 新課綱如火如荼展開，強調自發、互動、共好的理念。所謂「自動好」的美好願景下，教育問題依然存在、孩子的壓力依然沒有減輕。我發現這是政府在制定新課綱時，備受各界壓力下，不敢丟棄舊有考試制度和學科教學，但又需要因應新時代而增加生活資訊、素養教學、學習履歷和自學跨域。這讓家長和孩子對升學這件事情越來越不知所措。

　　當我在教育領域鑽研後，我了解家庭期待和考試導向教育如何破壞學習本質，透過親身的經驗，我能理解孩子為何不學習。因此本書收集自己親身經驗與教育現場遇到的案例，希望能讓家長與老師了解這些問題背後的原因，從挖掘孩子的學習動機、引導孩子面對未來世界、以及透過 AI 世代的社會參與探索學習的意義，開啟每個孩子對學習的渴求，這也是撰寫這本書的用意。

　　本書從企劃到編寫付梓歷經約兩年，感謝老婆 Vicky 給我的支持和協助，書中很多想法也是透過與她的對話而產生的靈感；感謝孩子 MacGyver 來到我的生命，與你一起成長的過程，讓我有更多生命的體悟；感謝父母的栽培，若不是你們堅持讓我出國學習，不會有今天的我；感謝永光化學創辦人陳定川及品學堂創辦人黃國珍，義不容辭的寫序推薦；感謝三愛生醫董事長吳光照

的大力協助；感謝時報出版社編輯同仁的包容和協助；感謝我各界親友的支持。

⭐ 現象解讀和解藥

在大學多年任教，我教導了各種教育理論與教學方法，似乎都可以為現在的教育提供解決的方針，然而卻都像在巨塔裡唱高調，我越來越有清談誤國的惶恐。很多人看到「理論」兩個字會覺得艱澀難懂，然而理論是人類對自然和社會提出的推論性總結，符合邏輯和經驗法則，最適合用來解釋現象的發生，只因為多為學者所用，因此學術氣息重。

本書嘗試用說故事的方式來解釋現象，使用理論讓推理更合理性。因此每一章的排列方式會有「故事劇場」，再透過簡易的邏輯推論「解讀」為何會有這種現象的發生，並且為這現象提出個人經驗中最好用的「解藥」，若讀者想要深入理解，可以進而閱讀「推薦學習資源」。

本書內容分為三個部分，尋找學習動機、培養未來人才、及實踐 AI 世代的社會參與。第一部分說明孩子如何找到讀書的目標、如何快樂學習、及學習真正的意義；第二部分說明素養導向如何教，教育的意義是什麼；第三部分說明如何透過社會參與和生活經驗來自學跨域，因應 AI 新世代，最終達到生命意義和自

我超越。也是符合新課綱的自發、互動、共好的核心概念。

　　本書沒有像教科書的艱深論述，而是大量使用故事與實例，非常適合家長、教師、教育相關人員、教育領域學生，以及想了解教育有何用處的社會大眾。讀者可以跳躍閱讀。如果你是家長，正在為孩子找不到學習目標而苦惱，推薦可以先看第一部分；若是教師，正為激不起孩子學習熱情而苦惱，可以先看第二部分。如果你關心台灣教育，想要知道教育未來趨勢，推薦可以從第三部分開始閱讀；若是教育領域學生，那建議整本閱讀！

　　本書可以帶著孩子閱讀，若是在家裡可以大聲朗讀一小段，若是在教室可以與學生進行十分鐘默讀，透過六何方法（何人 who、何事 what、何時 when、何地 where、何解 why、及如何 how）與學生進行分享與討論。

★ 如果能再當一次學生

　　我回想自己若能再一次重讀國高中，我會希望什麼樣的教育環境和學習，我會希望不要有那麼多學科和考試，而是讓我探索學習的意義和目標，讓我快樂學習。這也是我寫這本書的動機，期盼學習不再是枷鎖，而是體驗人生。

培養新世代人才的指南

永光化學榮譽董事長──**陳定川**

　　頃接簡志峰教授《解鎖未來教育》書稿，請我寫序。我向來從事化工業經營，對教育領域並不了解，但一直很有興趣，且很關心。打開書稿閱讀，我跟著簡教授探索教育的內涵，開啟了新的視野。簡教授是在父母「望子成龍」的期望下，全力栽培的孩子，卻因缺少學習動力，不愛讀書。直到大學畢業赴美開餐館，在疲累的工作中，發現讀書的可貴，找到學習動機，進而重返校園，取得德州農工大學課程與教學博士學位，決定以教育為一生志業。

　　《解鎖未來教育》是簡志峰教授的最新力作，以真實故事融合專業知識，輔以深入淺出的論述，為現代父母、老師和孩子們，在諸多切身問題中抽絲剝繭，理出可行的方案，指引一條出路。

　　全書分成三個部分，包括：尋找學習動機、培養未來人才及實踐 AI 世代的社會參與。每篇文章都有作者獨到的見解，輕鬆的筆法，蘊含深厚的道理。本書中，有以下三個觀點，引發我極

大的共鳴，提出與讀者們分享。

　　第一，培養高層次思考能力。簡教授從教室課桌椅的擺置，看出東西方文化差異的端倪；東方重視教師傳遞知識，西方重視學生自主學習。他說：「知識本身不是重點，如何分析思考知識，創造屬於自己的概念才是最重要的。」此一看法，我深有同感。將此觀點延伸到企業經營上，經營者所要具備的是高層次思考的分析與評鑑能力，要能活用經管知識，加以融會貫通，以創造出適合自己公司的經營理念，而不是將別人的想法囫圇吞棗地套用。

　　第二，結合地方特色找出偏鄉優勢。簡教授提出台灣偏鄉教育的問題，諸如：有些地處偏僻但不靠山不靠海的學校無法列入偏鄉、教師加給過少、孩子文化刺激少和教育資源缺乏等，使得偏鄉和「弱勢」幾乎劃上等號。簡教授認為，日本的偏鄉教育政策、教師配置和制度等，都有很好的規劃，值得我們效法。他以專業角度分析，台灣的偏鄉有機會像日本一樣，結合地方特色、善用議題導向設計思考等方式，打造別具一格的創新學習學校。期望簡教授精闢的見解，能成為政府訂定教育政策重要的參考，改善長期以來偏鄉教育的問題。

　　其三，追求生命意義與自我超越。簡教授善用心理學家、醫學專家的理論架構，輔以相關著作及電影情節，剖析實際案例的心理層面，探索什麼是生命最重要的事情？怎樣找到自我？幫助

讀者進入社會後，不因工作忙碌疏於照顧家庭、捨棄個人嗜好，而能活出生命的意義與價值，擁有幸福美滿的人生。

我因認識上帝，內心興起力量，不斷向上提升，尋求自我超越。我看重家庭，用心培育子女；經營永光化學，期能成為對人類有貢獻的企業；積極參與福音事工、從事社會公益。回顧一生走過的旅程，我很感恩，有聖經原則作為行事的準則，而能朝著目標邁進，實現理想。

本書內容引人入勝，透過字裡行間引領讀者深入教育的堂奧、啟迪新的觀念。這是一本培養新世代人才難能可貴的好書，樂意寫序為之推薦。

一本為新世代打造的教育指南

品學堂創辦人—— **黃國珍**

任何教育制度的誕生都有其時代背景和需要。如果以世紀為分野，更能夠看清楚教育改變的面貌。19 世紀工業革命的飛速發展，機械取代傳統人工生產，工人的需求量也快速增加。「工業化教育」能夠在短時間內培養出一群擁有技術、服從紀律的工人。這一批工人成為了企業、經濟與國家發展的基礎。正因如此，隨著工業化在全球的蔓延，這套教育制度也傳遍了全世界，其中當然包含亞洲。

20 世紀接續工業革命後的發展，科學文明快速發展，將人類的知識疆界帶到前所未有的境地，而社會生活的面貌也快速改變，並產生過往未曾見過的國際衝突與社會問題。人在了解問題與解決的過程中，逐步歸結出理論，深化各領域知識系統，這些新內容注入於 19 世紀成形的教育體系中，賦予現代教育的內涵，讓學生擁有新時代的系統化專業知識，滿足 20 世紀現代生活需要。

眼前孩子面對 21 世紀的學習，未來教育會是怎樣的面貌？學習的內涵除了知識之外，還有哪些重要的項目？有哪些資源可以給教學者和學生帶來幫助？我們要如何為自己和孩子解鎖未來的教育？簡志峰老師在這本《解鎖未來教育》中給出了他的答案。

簡志峰老師《解鎖未來教育》在寫作構思上，就應用 21 世紀學習的一個重要模式「問題導向學習（PBL，problem-based learning）」，全書提出 13 個大眾高度關切，需要理解與落實的核心問題，展開他心中未來教育的敘述。這 13 個問題包含三個面向。第一個面向是關於學習方向，第二個面向則是關於教學，最後則是關於教育的未來。

每個核心問題，簡志峰老師進一步以自身的故事或經驗設定問題情境，在其中解讀背後隱藏需要解決的問題，並且提出有助於解決問題的觀念和工具，深入淺出的說明，同時提供相關的書單，幫助讀者延伸更為廣泛的閱讀與深刻的問題探究。從書中簡志峰老師提供的觀念與知識，相當程度收納了當前教育改革相關的重要觀念和理論，例如：馬斯洛的需求理論、大衛庫柏的經驗學習圈的四階段、設計思考、閱讀素養、布魯姆教育目標分類法……等。我在閱讀簡志峰老師理論與情境交錯的文字中，常常提下來反思我自己與孩子相處的經驗，形成一種知識與經驗的再連結，過程中總有新發現與學習發生。

簡志峰老師在這本《解鎖未來教育》中給出了他對未來教育的答案。從近期媒體大量報導「元宇宙」將引領科技下一個階段發展的趨勢，更可以讓我們明瞭未來人們的生活包括教育，都將有巨大的改變。但唯一不變的挑戰，如千萬年前人類祖先面對的，就是人能否擁有在不斷變動的世界中生存並且發展的能力。因此，未來教育除了持續學習新知之外，更要聚焦在提升人明白自己的需要，為自己創造自主學習的能力、觀念與態度。我想這正是簡志峰老師在這本書中想要傳遞的關鍵認知。

　　《解鎖未來教育》書中知識量大，探討的問題廣泛，但閱讀起來流暢又有真實感。可以作為家長認識當前教育改革的說明書，可說是教學者的教學設計工具書，在實踐新課綱的此時出版這本書，相信它會成為為大眾解鎖未來教育的金鑰。

目次

第一部分　尋找新世代孩童的學習動機

第一部分

尋找新世代孩童的
學習動機

1.

為何孩子對學習
沒有動力

明明我提供了所有的物品、資源、費用和付
出時間，為何期待孩子好好念書總是那麼難？
為何孩子對學習及閱讀沒有興趣？

【新課綱提問】

我外公家是屏東鄉下的傳統大家庭，外公出生於民國 20 年，身為手足裡的大哥，即便小學成績很好，但因為有四個弟弟，小學畢業後就無法再升學，需要下田工作賺錢養家。四個弟弟（我的舅公）都是小學、高職、大學的老師，這在早期抗戰年代是很不容易的，然而我外公卻是一輩子務農。

我的媽媽身為長女，繼承了家庭負擔的重責大任，需要照顧年幼的弟妹（我的舅舅和阿姨）、幫忙家務、下田工作，因此小時候她非常想要有個舒適的讀書和學習的環境，這也成了她年少時的心願。

我身為家裡的長子，媽媽期待我可以有專心學習的環境，她努力工作和供應，要求我不要理會家務事，專心讀書，希望我可以考上師範學院，畢業後當個領鐵飯碗的老師、光耀門楣。

然而從小活潑好動的我，面對枯燥乏味的教科書，怎可能會有興趣呢？我的教科書外皮裡面藏著的是漫畫書，我對田裡抓蟋蟀和青蛙的生活樂此不疲，各類童玩例如踢毽子、丟沙包、打陀螺等我都在行，唯獨對學習沒有興趣。

從小媽媽幫我處理任何日常生活大小事，包括洗碗、洗衣服、郵局繳學費、購買書籍、繳補習費，食衣住行全部幫我打理妥當，

就是希望我專心在課業上。然而我對學習以外的事情都很有興趣，叛逆的我還會挑戰父母、教師以及學校的權威，認為他們的教育方式很過時。

父母對我的用心並沒有讓我專心念書，提供充足的資源反而讓我不想學習，只想玩樂。這也導致我大學重考還是考不上師院，大學期間無法進師培中心修教育學程，甚至大學畢業也考不上研究所。

若不是到美國做餐廳累到怕了，發現學習的可貴，找到學習動機，過去的我還真的跟念書這檔事完全沾不上邊。我甚至曾經被前女友貶低地嘲諷：「為何你這麼不喜歡看書？」刺激之下我閱讀了《達文西密碼》，因為過去的認知裡覺得看書就是工具性和考試導向的，對我來說比閱讀更有趣的事情實在太多了。

回想過去我這不愛念書的孩子，現在竟然鎮日與書為伍，除了平日的研究參考書籍及研究期刊以外，我一年可以再閱讀近百本書，真是天壤之別啊。

學習動機理論

⭐ 學習動機

　　「動機」是指因為內在或外在需求而產生的驅力,例如肚子餓了想吃食物、感到孤單就需要陪伴;當驅力產生的活動朝向某一目標時,有著激發和持續行為的狀態,稱為「動機」。例如上述故事,我大學時為了追女朋友而閱讀《達文西密碼》,其實我並不是因為愛閱讀,只是有了追女朋友的動機,因此她的質疑就變成我閱讀的驅力。

　　「學習動機」是指對於求知或追求成功的需求,因此驅動自己想要學習,例如為了爸媽的獎賞而考 100 分、對台灣原住民有興趣而研讀歷史。

　　學習動機的理論分為認知主義、行為主義、社會學習取向及人本主義,因為我個人偏好人本主義的學習動機理論,將著重較多篇幅於這部分,其他的則簡短述說,有興趣的讀者可以透過推薦的書籍閱讀。

　　「行為主義的學習動機」是透過獎勵和懲罰來維持學生的學習動機,當學生表現合宜的學習行為,給予口頭讚賞或獎品,當表現不良的學習行為則施以斥罵或剝奪娛樂,透過外在權力及誘

因而控制學習動機。

「認知主義的學習動機」是透過個體對於環境刺激的感知，而對於學習產生的看法，例如有些孩子體會爸媽賺錢讓他學習的辛苦，希望爸媽開心，因此努力念書讓爸媽開心；或者醫生世家的孩子認為考上醫科就是成功，足以成為家庭的一分子，因此努力讀書考試，甚至不在乎獎勵，就是為了達到考上醫科、當上醫師的高層成就動機。

「社會學習取向的學習動機」是綜合行為及認知主義的學習動機，指個人對某任務有的自身價值期望，而誘發不同的態度，最後導致不同的學習表現。例如一個在美國出生的華裔，小時候在美國就讀幼稚園及小學，高年級時轉回台灣就讀，他自認為自己的英文程度很好，因此積極地準備英文考試，然而面對中文卻沒有信心，因此導致英文成績很好，國文成績很差；然而當初在美國時，他在學校都用英文，在家裡都說中文，兩個科目並無程度差異，唯一的差別就是「自我效能（自我認為能否完成一件事情的信心）」的落差導致面對兩個科目不同的態度和行動。

⭐ 馬斯洛的需求理論

馬斯洛（Abraham Maslow）的需求層次理論（Maslow's Hierarchy of Needs）將人的動機分成層次 圖1-1 ，從最底層的生

理、安全、社交、尊重、到自我實現需求，雖然不是針對學習，卻可以為學習帶來詳細的説明。我個人認為需求層次理論不該是階層而上的，而是可以跳躍層次而上的。

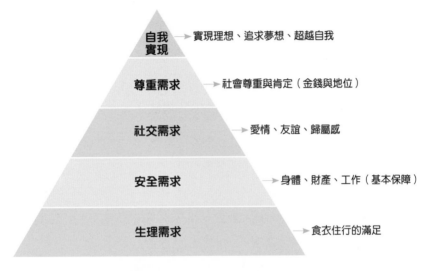

圖1-1 馬斯洛的需求層次理論

人為何要學習？可能是為了滿足生理需求，我認識一位教授朋友，他國小時曾經因為家裡被查封，爸媽為生計無法照顧他和他的弟弟，使他們兄弟倆流落街頭，因此他立志要勤奮讀書，讓自己和家人有個遮風避雨的家，還要有個好的工作。

學習常是為了安全需求，爸媽從孩子小時候就一直説努力讀書才能找到好工作、成家立業，這是財產與工作的保障；但是沒

有任何經驗的孩子無法感知到這個連結的重要性，上述的教授朋友幼時的體驗是最有感的。

學習有時是為了社交需求，比如考好成績就會贏得掌聲和歸屬感，上好大學是為了結交更有資源和人脈關係的同學，認識優秀的人，進而促使自己進步和獲益；然而若是幼時家裡提供足夠的資源，孩子無法感覺認識優秀朋友的重要性。

學習常常也是為了獲得尊重需求，例如考上好大學，可以在家裡、親朋好友中得到肯定，未來也有高收入的保障。

然而上述的學習都是台灣傳統式教育，認真念書、考試名列前茅，就可以上好大學、找到好工作、有美好的人生。上述提到的動機多是外在動機，為了興趣和夢想的自我實現目的而學習的，似乎很少成為學生的學習目的，**更不用提讀書是為了幫助社會及解決問題，及達到自我超越的目的了。**

⭐ 我幼時的需求理論似乎長歪了

舉我的例子來說，小時候媽媽要我專心讀書，其他事情都不要管，但是幼小孩童沒有自律能力，也不懂讀書的重要性，又因為沒有循序漸進的誘導，傳統教學的學校多是強迫考好成績的方式，並沒有針對孩子的興趣設計課程。

就需求理論而言，對於幼時的我，父母提供了生理與安全需

求，而我自己想要滿足的「社交需求」得從學校同儕中獲得，國中男生班、高中男校的我渴望異性青睞，也希望透過結交異性而得到同性同儕的認可，這都是「社交需求」。

因此到了大學，解脫了國民教育 12 年的考試壓力（我是 13 年，得加上重考大學的一年），到大學就是想好好實踐理想——社交需求的時刻，因此每天就是透過參加社團約異性出遊，根本不會想好好學習。

現在回頭想想，都是因為幼時的「社交需求」沒有被滿足，這也是男女分班或分校最大的影響。而我自己還需要加上一塊原生家庭對於「自卑產生」的自我中心，及成為鎂光燈焦點的「不能失敗」的自信。

為何我說這是原生家庭產生的？因為外公幼時家境貧困，需要賺錢供應弟弟們上學，因此產生的自卑。母親因為要照顧弟妹，無法專心念書，甚至執意要嫁的父親並不是家裡原先期待的大戶人家（田僑仔），因此一直有想要成功，揚眉吐氣給他人看的包袱。而我自己就成了「不需要管家務事，只需專心念書，但根本也不會專心念書」的小孩，大學時在「社交需求」的環境下，便會想透過「把妹」來提升自己鎂光燈焦點的虛榮心。

又因為賺錢與地位這種對我來說似乎不缺乏的「尊重需求」似乎不是我需要的，才會導致大學時代的我根本不想學習，只想把妹、獲得同儕認同以及玩社團。從另一個觀點來看，就是「沒

有目標」，這是當時就認識我的社團夥伴（現在的老婆）對我的形容。

畢業之後我到美國餐廳工作，每日超過 13 小時的長時間工作，一成不變的生活讓我思考：「這真的是我想要的人生嗎？」才開始痛定思痛，決心好好讀書進研究所。

當我下定決心後，已經 26 歲了，但每天 8 小時準備 GRE 考試對我來說甘之如飴，學習變成一種喜悅。半年內我考過托福和 GRE，順利申請上德州農工大學，這是之前我連做夢都不敢想像的。也是到了此時，我的「自我實現需求」才漸漸的長出來，了解到自己的理想和超越自我的快樂是什麼，內在學習動機到此時才真正發展完全。

習慣迴路啟動學習動機

透過習慣迴路修正自己

　　習慣是指「某種程度上固定的思考方式、意志或感覺方式」。成人的神經迴路已經固化，因此很多舊習慣難以改變，良好的習慣難以形成。

　　《為什麼我們這樣生活，那樣工作？》的作者查爾斯・杜希格提出習慣迴路，說明人的習慣是透過對「提示」的反應過程，並且預期有獎勵回饋的狀態下做出的行為 **圖1-3**。

　　例如上課無聊的時候（提示），就會拿起手機來滑一下（慣性行為），因為希望有朋友在 IG 或 Facebook 上對你剛剛的貼文按讚或回覆（獎酬）。即便你 5 分鐘前才剛看過你的動態，也堅信這麼短的時間內不會有人按讚，你還是在無聊的時候忍不住拿起手機來滑一下，這就是「習慣迴路」。

　　如何改變上述的壞習慣，不要讓自己在上課無聊時總是分心

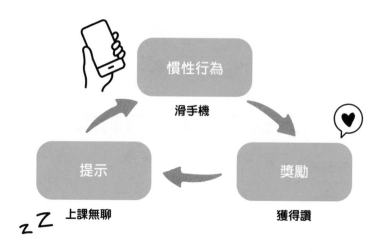

圖1-3 習慣迴路

滑手機呢？書中提到的方式是「改變習慣的黃金律」，意思是沿用相同的提示和獎酬，而置換掉中間的慣性行為。

承上述例子，如 **圖1-4**，若發現感到上課無聊時（提示），開始翻譯老師所說的話（改變慣性行為），之後將翻譯張貼到社群網站上得到同儕的回饋（獎酬）。或者將慣性行為改成背英文單字、解一題數學、或規劃待辦事項，這些都比分心滑手機更有生產力。

改變一個習慣分成六個步驟，以下將套用我自己小時候的例

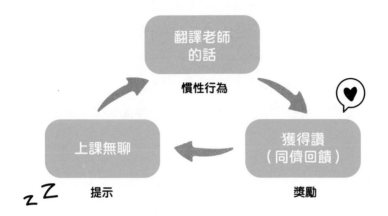

圖1-4 改變習慣黃金律

子來說明，若父母想要改造類似我幼年時的壞習慣，可以採用下列步驟：

① **認出慣性行為**：國中的我喜歡看武俠漫畫，因此我趁大人不注意時，就會拿出漫畫來看。這是小時候我的慣性行為。

② **找出獎勵**：體認到①的慣性行為時，可以把「看漫畫」變成獎勵，並在前面新增一個慣性行為，例如是「背三個英文單字。」

③ **找出提示**：提示驅使我們做某件事的狀況，通常是地點、時間、情緒狀況，例如國中的時候我會趁大人不在時拿

出漫畫來看，看漫畫其實也不是什麼壞事，只是需要在「看漫畫」這樣的獎勵前置放一個有生產力、有意義或者好習慣的事情。

④ **運用正向增強**：人是追求快樂的動物，若把「看漫畫」和「背單字」連結在一起，變成正向增強，就會增加這個新慣性行為的頻率。

⑤ **替換習慣**：確認自己的提示和獎勵後，加入「新的慣性行為」，且確定自己不會感到痛苦。

⑥ **反覆確認**：反覆不斷地練習，只要有背單字就可以看漫畫，當新的習慣模式產生，改變習慣黃金律就大功告成了 圖1-5 。

　第一部分　尋找新世代孩童的學習動機

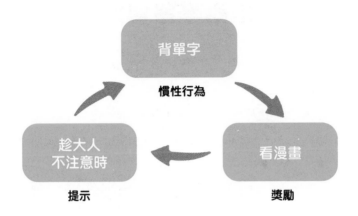

慣性行為

提示　　　　　　　　　　　獎勵

圖1-5 我的幼年習慣黃金圈

　　即便是大人都很難培養專心和自律，何況是小孩，所以陪孩子一起找出他的習慣黃金圈，與他們達成好習慣養成的協議，觀察他們的習慣操練，用同理的方式與孩子發現自己的行為，例如可以在事後提問「我剛剛發現你在背單字的時候，會停下來發呆或分心，可以告訴我你在想什麼嗎？」如此一定能培養孩子每個好習慣。

推薦學習資源

推薦書 《為什麼我們這樣生活，那樣工作》

查爾斯·杜希格（Charles Duhigg）著，鍾玉玨、許恬寧譯，大塊文化出版（2012）。

此書從神經學原理探討如何養成好的新習慣，戒掉壞的舊習慣，提出「改變習慣的黃金律」，並用多個故事，包括富人、星巴克、及蒙哥馬利公車事件討論習慣與個人、組織、社會的重要性，可以帶動人生和社會成長的好書。

推薦書 《大腦當家：12 個讓大腦靈活的守則，工作學習都輕鬆有效率》

John J. Medina 著，洪蘭譯，遠流出版（2017）。

此書其他內容關於分析大腦任務、說明大腦在工作及學習上扮演的角色、期刊文獻的引用、和科學研究的成果，可以讓讀者非常容易將創意的點子應用在生活當中。

【重點回顧】

- 根據馬斯洛需求理論，終極的內在學習動機是自我實現，孩子很難到達這個境界，特別是年紀小的孩子，所以通常需要透過外在動機來誘導，當然發展孩子的學習動機還是可以透過趣味化的教學讓學生感到興趣，最後引導改變為內在動機的驅動。

- 需要透過「改變習慣的黃金律」來改變慣性習慣，發展成新的「習慣迴路」後反覆練習，如此即能養成好習慣。

2.

為何不教
孩子快樂？

當孩子說：「上學、寫作業好無聊。」
大人總會覺得就是要從小忍受得住無聊，
未來才有資格享受美好與快樂。
但是所謂的學習真的是沒有快樂，
而是忍受無聊嗎？

【新課綱提問】

【故事劇場】

　　大學同學在南部的一間國中當英文老師，最近她傳一篇談論親子教育的文章給我，題目為〈當孩子說「上學、寫作業好無聊」要讓他懂得：「能忍受得住無聊，才有資格享受美好」〉，文章大意是在探討一個人若能把無聊的事情做好，才能容易成功。文章中舉了一些例子，例如想要有一口道地的英文，就要忍受無聊逼迫自己看上百遍的英文教學影片；或者像莫札特和朗朗，在台上享受彈鋼琴樂趣之前，須要先經歷漫長的技能練習。最後這篇文章的結論就是：「只有忍受得住無聊，你才有資格享受美好。」

　　我看完之後，只短短的回了我的老同學一句話：「這不是好的心態耶，無法持久，需要從動機面下手。」結果我同學又傳來一長串的訊息：「作者不是強調動機，是強調自制力。現在太多有趣的事情，看網路影片、打電動，因此導致國小升到國中，不會討論、不會作筆記。因為他們覺得太無聊了，所以不想做。」

　　最後大學同學還用我自己的例子試圖說服我，說當初我在考美國研究所的時候，不也忍受無聊和寂寞背了一堆單字，證明當初的我也是有絕佳的自制力才考得上研究所。

目的來源分類 !

　　如 **圖2-1**，威廉・戴蒙（William Damon）從 2003 年開始，訪談了 1200 位 12 歲至 26 歲的學生和年輕人，將這些年輕人統整出四種分類，包括疏離者（25%）、空想者（25%）、半吊子（30%）與有目的感（20%）。他提出疏離者的比例可能會更高，因為會願意主動出來受訪的，在動機上已經比隨機抽取樣本的動機高了。疏離者是一群完全沒有人生方向的年輕人，對外界疏離和冷漠、對社會極少關心，某種程度如同尼特族（Not in Employment, Education or Training，NEET），指不就業、不就學、不進修和不受就業輔導，與父母同住，仰賴父母吃住的年輕人。空想者會表現出想法，但僅限於剛萌芽和無法付諸實現。空想者通常只因為一點點努力和時間付出，就感到倦怠或失去耐心，而無法持續，甚至有些人是無法為想法跨出任何行動的，這種人如同魯迅筆下的阿 Q，表面上很有自尊，卻喜歡與他人鬥嘴皮，空有一堆想法，卻無法付諸行動，甚至善於投機。半吊子是指因為某些活動或體悟而有短暫的興趣和目標，但因為興趣都太短暫，讓他們在執行一段時間的計畫後就放棄；或者在興趣之間從一個活動跳到下個活動，無法持續。會導致這樣的原因常因為興趣

太多、沒有詳細規劃目標去完成、或是遇到困難就易生放棄的念頭。最後，有目的感的學生或年輕人是從啟發興趣開始就一直長期投入時間和精力，將大目的規劃成小目標，並且有動機和熱情地努力朝著大方向前進，這些年輕人常常抱著要幫助他人或貢獻世界的心態，認為自己投入的活動是有意義的，而重視這件事情會成為自我實現和自我超越的源頭。

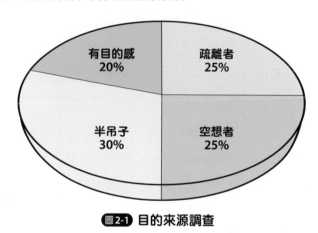

圖2-1 目的來源調查

⭐ 學習應該像吃健康飲食

　　雖說這是外國的研究數據，但套用在台灣的 12 年國教及 4 年大學教育，其實可以發現台灣的課綱從過去的一綱一本的國立編譯館教科書時代、一綱多本的九年一貫時代，到現在強調自學跨域的 12 年國教新課綱，採用的大學考招科目為 X（學科能力

測驗）＋ Y（分科測驗）＋ P（綜合學習表現）：

X ＝ 國文、英文、數學、社會、自然，是一如往常的主科

Y ＝ 加深加廣課程，包括數甲、物理、化學、生物、歷史、地理、公民

P ＝ 包含 P1（學習歷程檔案）＋ P2（校系自辦甄試）

這還不包括學校被要求做的各個議題選修，例如生活科技、電腦資訊、創客、多國外語、本土語言等十二年國教「議題融入課程」的 19 大議題之延伸課程。

這樣的教育改革課程設計，是不捨棄舊的，還要增加新的，這種「全包」概念雖說讓學生多方探索，嘗試各樣可能，以達到因材施教。然而，這樣的課程設計可能讓學生疲於奔命，因此更厭惡學習，進而產生更多疏離者、空想者、或半吊子。

為什麼呢？因為在台灣，所有的學習都只有一個目的，那就是考上好大學，上了大學後因為過去的暴飲暴食式的學習而拋棄 12 年國教的學習。因為過去的每一天，都好像每天是辦桌一樣的滿漢大餐，每樣菜都有，可能也不是太好吃，但學生卻被要求都要吃下去。

人的學習應該像健康飲食一樣，吃少一點、吃健康一點，並細嚼慢嚥，讓每樣吃下去的食物和營養都可以發揮效用。學習和飲食一樣，少即是多，避免填鴨式的吸收知識和才藝。可以鼓勵孩子一個階段專注一個單一的才藝，例如誘發孩子找到彈鋼琴的

樂趣，每天彈 15 分鐘即可，而不是讓孩子每天放學後的時間都被各式各樣的補習和才藝占滿。

家長或老師也可以和孩子透過體驗學習的活動（例如淨灘、撿回收、觀察社區、訪談職人），利用教室外的學習，從中找出學習的真諦，讓學生體會學習的真正意義，從中找到目的感。

教育應該是培養學生成為自律的人，隨時都有精進自己的動機和渴望，而不是填充很多知識，讓學生厭倦學習，將學生養成大胖子之後，送上大學就能交代了。

學習不快樂的孩子

許多學生在過去 12 年的求學階段，生活被各種大大小小的考試占滿，然而這些學生拚了命的考上台大，或許是因為家長的期待，也或許是因為自我目標，但他們的學習過程真的是快樂的嗎？

在過去只要考上較好的大學，畢業後一定能找到高薪資的好工作，可以快速買房、購車。然而現在即便考上國立大學，每天努力學習，畢業後卻不保證有高薪的好工作。即便努力工作，薪資成長卻趕不上物價增長。許多學生在求學階段其實是不快樂的，他們從小花很多時間學習和準備考試，壓力巨大，深怕一鬆懈就被同儕追趕過去。當他們上了大學後，有 33% 的學生對自己未來是茫然的，有 6 成的學生對自己的科系不滿意。更慘的是，若讓學生再次轉系，他們還是不知道要轉到哪個科系。

這表示在求學的過程中，學校不教學生何謂快樂，什麼樣的人生才是真正的快樂？什麼樣的學習才能產生動機？什麼樣的目標可以讓人花大量的時間去追尋？學校只教導從小忍受得住無聊，未來就有資格享受美好與快樂。但是很多學生常常考上大學後，開始面臨人生的茫然期，因為小時候他們還有「考大學」這個目標，但達到這個目標之後，他們失去方向，人生開始茫然，漸漸地成為威廉 · 戴蒙所説的疏離者或空想者。

教導學生「什麼是快樂」

　　台大電機系教授葉丙成，在他的書裡《為未來而教》討論到「你為何不教孩子什麼是快樂？」該篇文章提及「困惑的長輩們常認為現在年輕人都不願吃苦，沒韌性，哪像我們當年怎樣怎樣⋯⋯」在過去窮苦的戰後年代，人們必須努力才能獲得溫飽，因此努力讀好書、考高分、上好學校、找份好工作就成為嬰兒潮年代的人的最大渴望。然而在現今世代，要獲得溫飽並不難，但現代父母和教師都是嬰兒潮家長養育而成的，反而將這個社會塑造成一個「害怕快樂的社會」。

　　現代家長與教師認為學生要忍受無聊懂得吃苦，每天在學校上滿 8 小時課，放學後要去補習班繼續補才藝，回家還要寫功課；這樣才能在未來得到父母認為的快樂——找到好工作、賺大錢、成家立業、得到社會尊重。

　　葉教授提到快樂有分高層次快樂與低層次快樂。高層次快樂

是對某件事情的熱情，設定目標、花了很多努力達到目標；或者鑽研自己很有興趣的事物，看到自己進步，覺得很快樂；或者與他人經營一段關係，例如友情或愛情，從情感上得到滿足而快樂。另外的快樂是低層次的，就是得到玩具、金錢、吃美食、出去玩。

可悲的是，我們的社會很害怕孩子追求高層次快樂，只要學生對於社團、跳舞、談戀愛、玩模型這些有興趣，就開始害怕孩子不念書，甚至禁止孩子做這些事，還跟他們說：「你們念好書考好試，我就買玩具給你、帶你出國玩。」

因此我們的社會用低層次快樂逼迫孩子做這些無聊和吃苦的事，孩子當然會對學習產生反感。如果孩子對學習找不到理由，他不知道高層次快樂的這些熱情、動機、成就感、自我實現、幫助他人、情感回饋為何物，他們當然不想為目標投入任何努力。

若將葉教授的快樂層次套用到馬斯洛的八大需求理論，會發現低層次快樂只滿足了底下兩層的需求，也就是生理需求及安全需求，而高層次快樂是包含了上層六層需求（如 圖2-2 ）。

人之所以為人，是了解生活的意義及渴慕，錢財與名聲都是外在的，最重要的是與重要他人的關係。社會學家艾倫·貝爾沙伊德（Ellen Berscheid's）與哈里·萊斯（Harry Reis）在一份 1998 年的研究中，分析不同年齡層的人，什麼事情可以讓他們感到快樂，結果建立正向和溫暖的關係是排在最前面的。也是因為大

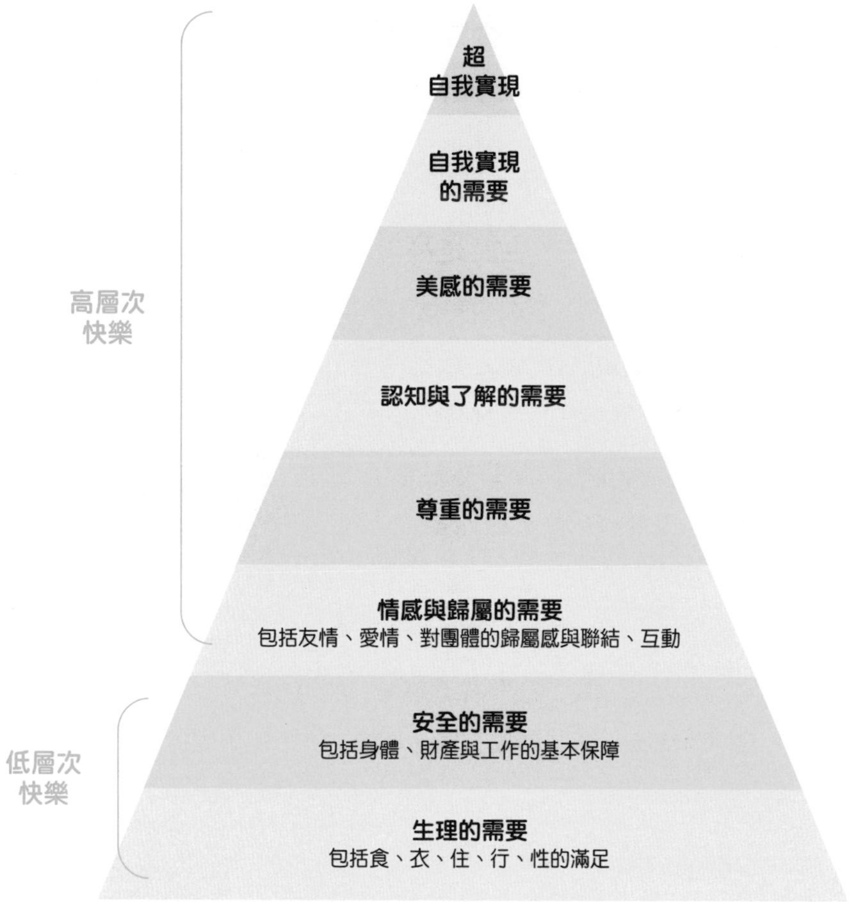

超
自我實現

自我實現
的需要

美感的需要

認知與了解的需要

尊重的需要

情感與歸屬的需要
包括友情、愛情、對團體的歸屬感與聯結、互動

安全的需要
包括身體、財產與工作的基本保障

生理的需要
包括食、衣、住、行、性的滿足

高層次
快樂

低層次
快樂

圖 2-2 馬斯洛的八大需求理論

多數的孩子從小就被教育要努力追求低層次快樂，大多數在安寧病房的老人常常會感嘆沒有多陪陪家人、或者沒有得到朋友的和解，從來不會是少賺一點錢或者少掙一點名聲。

★ 努力考上目標研究所也能是高層次快樂嗎？

回到故事劇場，大學同學問我，我是如何忍受無聊，每天背艱澀單字，考過 GRE，申請上美國德州農工大學研究所的？當年我其實在準備美國研究所考試時，是先到我大舅在美國開的中式餐廳打工，原本我是想要做餐廳的，然而餐廳的生活實在太累了，每天工作超過 13 個小時，每週工作 6 天半，三餐不定時。大舅為了磨練我成為一個稱職的經理，除了炒菜以外，餐廳的大小事情我全都包。

當時的我 25 歲，雖然在餐廳工作是拿時薪（當時是一小時 6 美元），但爸媽為了鼓勵我做下去，還投資了一筆股份，讓我可以領紅利。多的時候，我一個月可以領到 $3000 元美金，這對 25 歲，又沒什麼學經歷的年輕小夥子算是很大的一筆錢了。

餐廳裡有時會有當地的台灣學生來用餐，我也曾經受邀到他

們舉辦的派對。看到他們修課學習，當學生的快活，我突然好想回到學生生活。而當時在台灣認識的女朋友（現在的老婆），為了到美國陪我，申請上一間語言學校，雖說要陪我，然而語言學校地點卻離我工作的餐廳有 6 個小時的車程。於是我向大舅提出請求，讓我去讀一期的語言學校訓練英文，結束後我會回到餐廳繼續工作。大舅一口答應，我在 2006 年 2 月到了德克薩斯大學阿靈頓分校（University of Texas at Arlington）與當時的女友一起念語言學校。

過去無論如何準備，從來都無法達標的托福考試，我竟然在開始讀語言學校的一週內，就考到差些許分數就達標的分數。我突然覺得自己也是塊讀書的料（過去的我也是位習得無助感的學生，大學重考、班上排名都敬陪末座、研究所考十間都落榜）。我發現自己也有讀書的潛力，一個月內托福考試達標，半年內 GRE 考試達標，且努力的修完語言學校的課程，並且申請上德州農工大學。原先我只設定全美排名 200 名左右的研究所，沒想到竟然可以申請上 60 名內的學校。

決定要考過英文檢定，申請上美國的研究所時，我的高層次快樂目標就是考上理想學校。因為我已經放棄在美國做餐廳了，回台灣也只會成

為一條魯蛇，考上一間理想的研究所變成我的唯一目標，破釜沉舟，我沒有其他選擇了。因此我可以忍受無聊背單字，每天早上八點一直背到晚上八點。當時宿舍區裡其他的台灣學生嘲笑我：「幹嘛那麼認真，申請上社區大學就可以向父母交代了，反正都是國外大學，我們來美國就是要到處去看看，增廣見聞。」當時對於這樣的說法我是不以為意的。

於是假日宿舍區的停車場只有我的車子孤零零地停著，台灣同學在開派對的時候，我在準備考試；他們在全美跑透透的公路旅行增廣見聞的時候，我在背單字。我成了大家都不太想靠近的書蟲。

然而我有高層次目標，我知道申請上學校的那一天，我會達到高層次快樂。其實我還是自己使用了一些低層次快樂來刺激自己，例如背單字 40 分鐘後，讓自己看 10 分鐘的影片（當時 Youtube 才剛推出，影片量有限，但還是讓我看得津津有味），或者讀半天書後就去打球。

2006 年大概是我從求學階段以來讀書最認真的一年，那年我 26 歲，方才找到學習動機。所以我常鼓勵我的學生：「找不到讀書動機沒關係，你還年輕，有時間慢慢探索，嘗試失敗，我活到

26 歲才想認真念書。」

2006 年 8 月，我嘗試第二次的 GRE 考試，終於到達了可以申請全德州前兩名的大學，而我選擇了德州農工大學（Texas A&M University）。

在看到我 GRE 成績的那一刻，我跳個半天高，甚至懷疑自己看錯了。GRE 考試成績會在寫完試題後幾分鐘，電腦自動計算總成績，最後會有個欄位讓學生填寫三間自己想要申請的學校。當時我的口袋名單根本沒有德州農工大學，因為我自覺不可能，所以準備的口袋名單都是 200 名左右的學校。考完試後，我高興得快哭出來，又蹦又跳地準備開車離開考場。回到住處後，為了確認不是自己誤讀成績，我花了 10 元美金打電話再確認一次，證明我沒有看錯。我這輩子從來沒有這麼想要認真學習，直到做了餐廳，發現長時間一成不變的工作讓我開始重新思考自己的真正興趣。「難道我要一輩子做餐廳嗎？」、「每天早上到餐廳就想回家的心情，這樣的工作如何支撐我做到退休呢？」這是我每天問自己的問題。

而當我決定要去讀書時，我沒有退路了，唯有孤注一擲，努力考上理想學校，才能對自己和家人交代。就這樣，考上一間目標研究所成為我的高層次快樂，我可以為了這個目標忍受無聊的試題演練和單字背誦。

推薦學習資源

推薦書

《為未來而教：葉丙成的 BTS 教育新思維（全新增訂版）》

葉丙成著，親子天下（2018）。

　　葉教授是第一位將國外「翻轉教育」引入台灣，不同於其他頂尖大學的教授，葉教授堅持創新教學，以培養世界的人才為主，也因此他點出很多台灣教育的問題，透過親身的例子談論教育真正的價值，並且公布他在台大所操作的翻轉教育。在增訂版裡，他特別增加一篇「教孩子高層次快樂」的親子教養篇，值得所有父母與教師深思自身的教養。

推薦書

《邁向目的之路：幫助孩子發現內心的召喚，踏上自己的英雄旅程（經典增修版）》

威廉・戴蒙（William Damon）著，許芳菊譯，親子天下（2019）。

　　作者是美國史丹佛大學教授，長期研究青少年發展，指出年輕人需要生命的目的，但不是直接由父母給予的，年輕人有九大關鍵特質，讓他們與眾不同，書中提供 12 道步驟、9 大祕訣，幫助年輕人找到通往目的的道路。

【重點回顧】

- 年輕人分為四種，疏離者（25%）、空想者（25%）、半吊子（30%）與有目的感（20%）。有目的感的最少，半吊子的最多，然而疏離者應該是次多，因為大多疏離者是不願意接受訪談的。

- 教育不是給孩子吃滿漢大餐，每樣菜都有，而是應該像是吃健康飲食，甚至有些菜是不好吃，但孩子可以理解吃健康飲食，理解自己為何要吃這些不好吃，但卻對自己有幫助的食物。

- 快樂分為高層次和低層次，經營感情或從事自己有興趣的事物是高層次快樂，獲得電玩、金錢、美食是低層次快樂，家長和老師應該多鼓勵孩子從有興趣的事物思考其中的學習。

3.

小孩沒有目標
怎麼辦？

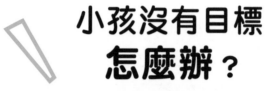

我的小孩書也念不好，
平時也沒有目標，
叫他好好念書也不是、追求興趣也不是，
到底該怎麼辦？

【新課綱提問】

蕙如是桃園市某國小英文老師，她女兒小櫻是九年級學生，不喜歡學校課業，每天只喜歡看美妝和跳舞的影片，或者跟朋友討論這些相關話題。當蕙如問小櫻未來想學什麼專業，小櫻完全答不上來。蕙如建議小櫻未來可以讀專科的美容美髮系或者大學的舞蹈系，小櫻則說太累了，這些學科都不想念。蕙如火冒三丈，只覺得這個女兒怎麼這麼不長進，對未來一點想法也沒有。

小櫻說：「我想要像韓國 Youtuber 一樣跳舞，不想要寫功課。」蕙如回答女兒：「那你就選舞蹈系好好學跳舞，成天只看韓國 Youtuber 是無法考上舞蹈學校的。」小櫻則對媽媽說：「我沒有說我想要上舞蹈學校，我只是喜歡學 Youtuber 跳舞。」蕙如一聽之下火氣便上來了：「你以為這樣學就會有出息嗎？我是擔心你未來沒出息，不知道自己要幹嘛。」

母女二人的對話顯然已經到了瀕臨破裂的衝突了。

心理社會發展理論

解讀問題所在

　　心理學家艾瑞克森（Eric H. Erickson）提出「心理社會發展理論」 表3-1 ，將人的一生分成八大階段，而特別在青少年期 18 歲以前就有五個階段，他強調人格的發展在青少年以前幾乎決定大部分的自我統整和自我認同了。艾瑞克森認為人格的發展是階段性的，現階段任務的失敗，可能會導致下階段任務的重大困難；他以兩極對立的觀念定義不同階段的順利發展或衝突。例如第三階段的學齡前兒童期，4 到 6 歲的孩童若有父母的鼓勵，對孩子各種看似搗蛋或危險的行為，像是在家裡牆壁畫畫、拿剪刀剪書本、亂潑水等行為都可以用包容和溝通的方式。例如詢問孩子「你喜歡在牆壁畫畫是因為覺得很自由嗎？」，或者「我們可以討論一下潑水是什麼感覺嗎？」透過這樣的問法，孩子就有勇氣對任何事情感到好奇，甚至有主動學習的態度。

　　相反的，若父母使用最簡單的方式來管理，用命令的口氣來禁止，只為了不願意思考孩子可以如何發揮創意，或不想收拾殘局，而以嚴厲的方式制止或是責備：「不要拿剪刀，這樣很危險！」、「不要亂潑水，這樣會弄得家裡到處髒兮兮的！」孩子就會陷入畏懼和退縮，甚至不敢探索新事物。依據第三階段學前

階段	年齡	發展任務 VS 危機	發展順利的特徵	發展障礙的特徵
1	0-1 嬰兒期	信任 VS 不信任	對人信任,有安全感	面對新環境時會焦慮
2	2-3 幼兒期	自主行動(自律) VS 羞怯懷疑(害羞)	能按社會行為要求表現目的性行為	缺乏信心,行動畏首畏尾
3	4-6 學前期	自動自發(主動) VS 退縮愧疚(罪惡感)	主動好奇,行動有方向,開始有責任感	畏懼退縮,缺少自我價值感
4	6-11 少年期	勤奮進取 VS 自貶自卑	具有求學、做事、待人的基本能力	缺乏生活基本能力,充滿失敗感
5	12-18 青春期	自我統整(認同) VS 角色混淆	有了明確的自我觀念與自我追尋的方向	生活無目的的無方向,時而感到徬徨迷失
6	19-30 成年期	友愛親密 VS 孤僻疏離(親密與孤立)	與人相處有親密感	與社會疏離,時感寂寞孤獨
7	31-50 中年期	精力充沛(生產) VS 停滯頹廢	熱愛家庭關懷社會,有責任心有正義感	不關心別人生活與社會,缺少生活意義
8	50- 晚年期	自我榮耀(統整) VS 悲觀絕望	隨心所欲,安享餘年	悔恨舊事,徒呼負負

表3-1 艾瑞克森心理社會發展理論的八大階段

期的發展特徵，若可以站在孩子的角度思考，給予空間讓他去探索，並為自己負責，例如讓他在固定的一面牆畫畫（鼓勵創作），一段時間後帶孩子一起油漆（負責），同時增加親子相處的時間；若不想重新粉刷牆壁，也可購買可水洗配方的水彩筆。

★ 為什麼孩子會沒有目標？

我們的孩子從小就開始接觸學科，強調多加練習而考好成績，才能考上好高中、好大學，我想應該很少有人會以學科學習為目標的吧！因為這些都是基礎知識，且教師的授課常常是考試導向，當然孩子會對學習失去興趣。

學科學習裡，台灣特別注重考試導向教學，所有的學習都只為了考高分，在艾瑞克森的第四階段（少年期），須強調孩子的待人與做事的基本能力，如此 6 ～ 11 歲的兒童才能勤奮進取，第五階段青春期需要有明確的自我觀念和學習目標，若只是為了考試，考試的知識跟生活甚至沒有相關，當然孩子會沒有學習目標，對人生充滿徬徨和失落。

依據艾瑞克森的「心理社會發展理論」，台灣國民教育的學校，還有很多家庭裡，的確沒有讓孩子正常發展。很少有老師帶學生去探索，讓學生可能產生興趣，例如多了解在地社區，從人口、地理、歷史、人文、在地問題等去了解這些議題與學科的關聯性，甚至與十二年國教的「19 項議題」或聯合國的「17 項永

續發展目標」的相關性。

　　例如，若帶都市孩子嘗試搭車到偏鄉社區，讓他們住在那裡，隔天與偏鄉孩童一起走 1 小時以上的路程上課、餐點沒有選擇、四點後下課沒有安親班的日子，這與聯合國永續發展目標的第四項「Quality education」（高品質教育）相關，也與 19 項議題的人權教育議題相關，並可以與學科中的公民與社會科結合。從而帶領孩子解決在地問題的想法開始，設定如何學習公民與社會的目標，或者了解城鄉差距帶來的教育權利不平等之問題。帶領孩童創意發想思考如何解決偏鄉孩童問題，成為孩子的學習目標。

　　如此與社會議題相關的在地學習，才能讓孩子了解如何從學科學習中尋找問題解決的知識與答案，並學會觀察現象、定義問題及提出想法和假設，漸漸地朝著問題解決的方向前進，這也成為未來選讀大學科系的動機或決定學習哪一種專業，也才能成為第五階段青春期順利發展。

考上好大學真的那麼重要嗎？

友人問到：「是否該送小孩去私立高中，逼他們考好成績上頂大呢？」我想多數的家長都會有這些掙扎，學習目的是什麼呢？讓孩子考上好大學，有一份好工作嗎？抑或是讓孩子了解自己未來想做什麼呢？我想大部分的人都會選擇後者。但我覺得上述也可以都不是選項，教育在一般印象中也可以是讓孩子了解自己未來「不想要做什麼」。否則即便是資優生，上了頂大資工系，成為大公司工程師，起薪破百萬，三年內到達兩百萬；但隨著年齡增長，當你厭倦了寫程式的生活，卻可能因困於為房貸、車貸和妻小而無法轉職了。

教育是帶你嘗試各種你覺得自己會有的興趣，在嘗試完後，你會很有成就感的說出：「我嘗試過也學習過了！」你知道你喜歡什麼、不喜歡什麼，或者想像中喜歡、實際卻無法做一輩子的事，你還有時間嘗試別的。各式各樣的實習、打工、跨域、壯遊、交換學生、間隔年（gap year），都可以讓你完成這些嘗試。

所以，再次叩問，是否一定要讀頂尖大學呢？我會回答：「如果孩子可以了解自己未來不想要做什麼，就去吧！如果無法，不一定要念頂大，送孩子去私中只為了上好大學，誠心地說，並不是好選擇。」但當然不是所有私中都是升學導向，有很多是強調品格、實驗精神、實作、國際化等，甚至更接近素養導向教育的。

從小養成好習慣的重要性

　　企業版圖橫跨兩岸三地，多角化經營領域包括建築、金融保險、物流、醫療、教育、生技、百貨等的潤泰企業集團董事長尹衍樑，小時候是出了名的惡霸，與人持械鬥毆，14 至 16 歲在感化院度過。後來，尹衍樑被送進去彰化進德中學受管訓及感化，遇到當時在校任教的王金平，透過王金平的慈愛與包容，讓尹衍樑的人生產生巨大的變化。雖然大學還是以最後一名畢業，入社會後的尹衍樑突然在 26 歲對學習產生興趣，幾年內完成台大商學碩士及政大企管博士學位。之後將父親的紡織業擴充為潤泰集團，旗下包括五家上市公司，成為跨時代的偉大華人企業家之一。尹衍樑的一切成就都歸功於良好行為的養成，當年若不是進入嚴謹行為管訓的進德中學，和遇到王金平的教導，可能不會有今日潤泰集團的輝煌商業版圖。

　　我曾經接觸過安置在育幼院的孩子，因為長期處於家暴及染有毒癮的家庭裡，即使有了社福單位的矯正和介入，孩子的行為還是一樣會有偷竊、說謊、暴力等偏差行為，這種孩子有反社會、情緒困擾或行為偏差等問題，在學業成績上往往也是不理想的。

　　我建議或許可以將有行為偏差的孩子送往嚴謹規範行為的學校就讀，藉由教師群體管理、住宿、養成常規和良好習慣，協助培養道德觀。良好行為的養成，將影響學習態度與成效。有相關研究發現教導國小四年級孩子關於健康飲食及運動習慣後，再利

用遊戲化方式讓孩子實際操作，融入生活，孩子的學習成效及問題解決能力會有顯著的提升。

因此孩子需要有什麼目標呢？其實不需要急著幫孩子找目標，而是讓他們知道為什麼要學習，對什麼事情有興趣，透過各種探索人生與社會的嘗試與機會，了解自己不喜歡做什麼事情，熱衷於哪些事情。當目標出現了，帶領孩子積極追尋，這就必須透過設定大小目標、堅持好習慣及持之以恆的完成。

體驗學習圈

　　面對沒有目標的小孩，學習動機是關鍵。但如何誘發因人而異的學習動機往往是最困難的，我認為透過挑戰活動來製造衝突和挫折，帶領孩子挖掘心裡最深層的需求與自我，最可以激發孩子的學習動機。

　　我曾經參與一項「零元出走」的活動，這項活動由 I-Life 創辦人賴雷娜所發起，帶領孩子體驗不用手機、不花一毛錢，花至少兩天的時間，從甲地旅行到乙地，期間需要吃飯、搭車、與夜宿，且不能住公眾機構（廟宇、學校、警察局、公園等……）。我參加的梯次是兩天一夜從新北永和市旅行到桃園大溪鎮，我們總共 12 人，歷經無數次的拒絕、攔便車叫破喉嚨、半夜十點半還找不到借宿地點、汗水淋漓、被蚊蟲叮咬。但是我們也遇到很多有人情味的人、擁有同伴互相的信任和依靠、自我學習和反省，這趟旅程非常有價值。

在我們搭便車到三峽的途中，有組員向司機大哥分享：當他人生最重要的兩件東西——錢和手機都被拿走時，他很難過，但他想要看看還剩下什麼可以與他人互動、與夥伴依靠。我自己也感到些許羞愧，當我沒有金錢、手機、及電腦時，我幾乎無法提供任何回饋，因為畫畫和寫字都不甚美觀，我幾乎只剩下勞力了。當我聆聽夥伴的分享時，我見證了「教育的真諦」是由體驗而來的學習，比課堂上照本宣科的教學方式深刻太多。從社會同理的經驗開始，透過這類的活動，可以反思以及探索自己的內心，思考各種事情的意義，例如「為什麼被拒絕的時候，我還能義無反顧地去爭取？」，抑或是「除了金錢和手機以外，人生還能透過什麼方式創造出意義？」，又或者「我的學習除了爭取學科成績，考上好大學，還有什麼其他的方向？」

這就是透過體驗學習獲得的價值，所以上述我提到的自我挑戰的打工、跨域、壯遊、交換學生、服務學習，若能配合「探討人生和學習意義」的反思帶領，都能尋找到新的方向和目標。

大衛庫柏（David Kolb，1984）提出經驗學習圈的四階段（Experiential learning cycle），適合用來進行體驗學習的步驟 **圖3-1**。

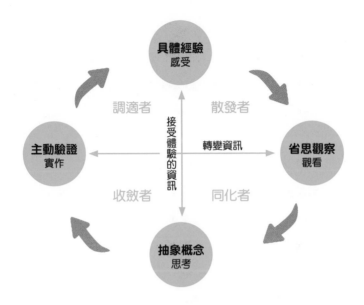

圖3-1 庫柏的學習經驗圈

① **具體經驗**（Concrete experience）：透過活動挑戰、分工合作、人際溝通、問題解決的能力，讓所有參加活動的夥伴都能同時體驗團隊式活動或課程。從特殊的經驗讓團隊自然形成共通語言，對接觸的人事物產生強烈互動及感覺，透過具體體驗提升學生學習動機與意願。

② **省思觀察**（Reflective observation）：輔導員和教師帶領學員用感官進行觀察，透過眼睛看和耳朵聽，由不同的角度看事情及尋求背後的意涵，在訓練過程中不斷強調

課程目標，例如「跑馬拉松對我的意義為何？」觀察他人的反應及省思自身的想法。

③ **抽象概念**（Abstract conceptualization）：將抽象思考化為可看性，透過邏輯分析和概念學習以了解情境，當學習的素材透過體驗而得到結構化歷程，可以很快的進入長期記憶，同時建構成可靠的知識。

④ **主動驗證**（Active experiment）：將學習經驗與成效帶回現實生活中驗證，透過手作來學習，並且認知到採取行動，影響周遭人事物是這個階段最重要的目標。

以我參加「零元出走」裡的一個任務為例 **圖3-2**，在我的分組組員中，我是唯一的男性，也是最有體力的。但是第二天的出走，引導員給我的任務竟然是卸下我的行李。

因為從沒出走經驗，我帶了許多東西，全塞進包包裡，我們的背包應該至少有 15 公斤重吧！而引導員給我的任務竟然是要求我卸下包包，讓組裡的女生輪流背，他們不僅要背自己的背包，還要背我的超重背包，而我的睡袋竟然要讓一位 5 個月的孕婦幫我抱，我看著她們汗珠從臉頰滑過，甚至上氣不接下氣，心裡真的又虧欠又慚愧。這是學習經驗圈的第一階段「具體經驗」。

我們在太陽下行走，我的心裡卻在掙扎，其實卸下包的我，比背起全組的包包還要困難。因為我覺得我有能力，卻要把自己

的責任讓別人承擔。一路上我都覺得行人在用異樣眼光看著我，她們心裡或許想著：「這個男人明明好手好腳，為何讓女人幫他背背包？」這是第二階段「省思觀察」。引導員給我的任務是要我思考，我是否將太多責任扛在身上，太在意他人對我的眼光了？為何我會有這些想法？這些想法影響了我的哪些行為？有沒有改進的可能？

　　我想到我的原生家庭裡，爸媽都是傳統公務員，在鄉下非常重視他人的眼光，孩子成績常常是親戚間的比較，還有對他人總是得做得更好，如果其他人覺得 80 分足夠，家母都會盡力做到 95 或 100 分。這也影響了我的想法，總覺得做得更好才能讓別人留下好印象，然而這卻是一個重視他人眼光的心理發展。

　　我開始認為社會上一些失序的道德議題，我都該付出一些教育的責任，事實上，我根本做不了什麼事，或者專業上不是我所能企及的，他人也並未期待我做什麼，反倒是我自己想做很多，卻忽略了對我最重要的家人。我想多關懷這社會的弱勢家庭，卻忽略了家人需要我的陪伴和心靈分享的交流。而這便是第三階段「抽象概念」。

　　活動結束後，我開始調整自己生命中的大項目序位，以前我都將工作和自我成就放在第一位，零元出走之後，我將家庭放在第一位，陪伴家人、在乎家人的需求、心理上支持家人。這就是是第四階段「主動驗證」。

圖3-2 零元出走

　　大衛·布魯克斯的《第二座山》書中提到，人常常因為社會的期待和眼光，終其一生都在追求財富、名聲，這是人生的第一座山，然而卻忘了重要他人的關係、健康才是可以讓生命在終老前最能得到滿足的，這是第二座山。很多看起來名利雙收的企業家，第一座山爬得非常好，但第二座山卻從沒爬過，於是在終老之前，最遺憾的通常是沒有好好陪伴家人。

推薦學習資源

本節介紹的書單偏重尋找人生意義為主，以現實環境及跳脫舒適圈的體驗與挑戰，帶領孩子尋找人生的意義。這個層面中，意義感的存在格外重要，它讓人生和學習都變得有價值。

《失控，是最好的安排》

楊右任著，方智出版（2019）。

楊右任是 2017 年十大傑出青年之一，過去曾經是小混混，經常打架、鬧事，直到遇到牧師。2014 年發起「舊鞋救命」，向全台募鞋，將載滿物資和鞋子的貨櫃運到非洲贈送，貨櫃改裝成教室，成立教會和社區的關懷據點，幫助赤貧非洲自立。這本書描寫他的成長故事，及讓年輕人找出自己的價值和意義，看見世界的需求。

《第二座山》

大衛‧布魯克斯（David Brooks）著，廖建容譯，天下文化出版（2020）。

世界為人生設下的頂峰是財富、權力、名聲，然而嚐到成功滋味後，常會懷疑「這就是我要的人生嗎？」因為事業、家庭、健康的挫敗跌落山谷，才開始了解第二座山的重要性，

家人、志業、人生觀、社會這四個人生承諾以及利他主義，讓一個人真正擁有豐盈性靈與幸福。本書教導人們心中永遠要存在第二座山，且這是比第一座山還要重要，讓人生真正有意義的山。

【重點回顧】

- 社會發展理論教導我們學習不是為了考試，而是要「培養做人處事的正確態度」，當態度正確了，孩子自然而然會勤奮進取。

- 透過各種嘗試（例如實習、打工、跨域、壯遊、交換學生、間隔年）找出學習的目標。

- 透過體驗學習（例如手作活動、活動挑戰、觀察社區），加上學習反思，就能理解人生與學習的意義。

4.

如何找到
學習目標
且堅持不懈？

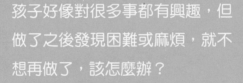

孩子好像對很多事都有興趣，但做了之後發現困難或麻煩，就不想再做了，該怎麼辦？

【新課綱提問】

　　喬治是 14 歲的國中生，很喜歡看動畫，最近迷上《鬼滅之刃》，家裡抱著隨他發展興趣的心態，只要他有按時做功課、不影響學業就好。然而，喬治越來越著迷，爸媽跟他說：「如果你這麼有興趣，要不要試看看做出這些動畫？」喬治一聽覺得可以試看看，於是爸媽買了昂貴的 Adobe 動畫軟體讓喬治嘗試，結果喬治試了幾個動畫軟體，像是 After Effect、 Premiere Pro，覺得太複雜，就此再沒有碰過這些昂貴的軟體。

　　喬治也喜歡打籃球，平常喜歡跟同學打球的方式，沒有太多技巧可言。他的叔叔是籃球教練，也有心帶喬治訓練。當叔叔帶著喬治做每日的訓練，喬治又開始覺得鍛鍊很累，他只想跟同學隨意玩球，沒有想要鍛鍊。

　　喬治的毛病是有興趣的事情很多，但是針對興趣深入做學習或鍛鍊，就開始覺得麻煩，不想行動。

孩子注意力不集中

其實每個人或多或少都有注意力的問題,例如 LINE 訊息一響就想要看手機、上網原本要找資料,結果看到手機的訊息通知就被吸引,忘了原本要做什麼事。隨著年齡的增長和練習集中注意力,是可以改善的。不過也有無法控制和練習的狀況,這時可以到醫院診斷是否有注意力缺失症的傾向。

注意力缺失症

注意力缺失症(attention deficit disorder, ADD)又稱為注意力不足過動症(attention deficit hyperactivity disorder, ADHD),可以從學齡前兒童的經驗觀察到,例如上學時間到了,孩子就是一直賴床,刷牙、吃早餐、換衣服上學,樣樣都是拖延,像是恭請皇帝上朝一樣;晚上該睡覺了,孩子卻一直藉口要看書或玩玩具而不願意上床睡覺,連哄帶騙加脅迫,才好不容易押上床,在床上翻來覆去好久才肯閉上眼睛。

ADD 患者不只是小孩子,通常主要的症狀是注意力渙散、容

易衝動和躁動、常常遺忘或遺失東西、不願意從事持久心力的工作、容易受到外在刺激而分心。通常有三成左右的 ADD 患者在青春期後會減輕，但很多患者到成年還會有這些症狀。

　　ADD 患者無法主觀的感應時間，無法規劃未來，通常面臨課堂作業時，一般人會想：「完成這份作業是我的責任，不然會被扣分，所以我需要在截止日前繳交」，但 ADD 患者會想：「這事做起來真無聊，算了，少交這份作業應該不會不及格。」之後就會被外在娛樂吸引，開始拖延，找樂子來玩。

　　一般成年人可以在分心的時候趕緊拉回注意力，恢復注意力的時間因人而異，ADD 患者需要花很多時間和工夫才能回收注意力，然而還是難以維持注意力。這是因為 ADD 患者的額葉皮質（掌管統合、思考、概念形成、克制衝動、及計畫執行）比一般人小，大腦額葉皮質比正常兒童發育遲緩，且大腦中的多巴胺（受到刺激而感到喜悅的物質）濃度較低，不過多數 ADD 患者在成年後症狀會逐漸好轉。

　　若你發現自己或孩子有類似這種傾向，建議可以到醫院進一步診斷。然而，在現在資訊爆炸、聲光刺激充斥、各式各樣訊息、娛樂和廣告布滿周遭。如何讓自己專注和持續，

讓自己工作的步調緊湊，讓大腦完全投入呢？

⭐ 學科導向教育導致孩子對學習失去熱情

　　我自己早期是使用國立編譯館一綱一本教科書長大的孩子，可謂在傳統學科教育環境成長的，所有科目的教師就是傳統講授、題目練習、考試、排名、分數導向，以考上所謂的好學校為目標，從小就有類 ADD 傾向的我，很難對學校學習有任何熱情。

　　生長在屏東鄉下，小時候的我愛看漫畫、課外書、玩童玩、電腦遊戲、田野找樂趣，但就是對教科書和傳統講授教學沒興趣。記得有一次我到農務人家養的魚池子裡，因為覺得被養的魚很可憐，於是拿了網子撈了一兩條魚到水溝。農夫發現後怒斥，我馬上拔腿就跑，最後躲在阿公家的芒果樹下逃過一劫。這些鄉村裡面的樂趣總是讓我樂此不疲。

　　然而長大後到國中高中，爸媽使用村莊裡互助友好的人脈關係，安排我進升學班，希望可以考上好學校，但是這些都是高壓強迫式教育的班級，強逼學科和分數，最後擠進縣裡的第一學府屏東高中。當初的我和村莊裡的家長根本不知道外面的世界有多大，我當然也在這樣的環境下漸漸失去對學科的興趣，因為比學科好玩的事情實在太多了，當時傳統的教法也是讓我失去興趣的

一項重大因素。

　　記得國二時我曾經問老師一個問題：「為何這題選擇題是選A，不是選B？」老師回答：「當全班都選A，只有你選B時，你怎麼還會覺得你是對的呢？」我從此不想再問問題，甚至自卑自己問了蠢問題，覺得自己能力不足，在全班面前丟臉。我曾經感受到的這些挫折，在我後來當老師後發現還存在於多數孩子心中。學生從幼稚園和小學很喜歡舉手問問題，到國高中後因為害怕被嘲笑、擔心自己能力不夠、怕丟臉，老師也不鼓勵，甚至為了維持秩序限制或怕被問倒，要求孩子不要問太多問題，這些問題導致孩子上了大學之後已經失去對知識探討的渴望。因此在大學教書，當老師問學生：「有沒有問題？」幾乎不會有學生有問題，更不要說舉手發言了。

　　我的父母希望我考上師範學院，安穩地當個小學老師直到退休，對學習沒興趣的我當然考不上這樣的學校，重考一年之後，還是沒有考上師範院校。大學之後對學習一樣沒有熱情，每天只想著玩樂，沒有目標。直到大學畢業後到美國舅舅開的餐廳工作，體會到自己真正的志向，方才下定決心專心念書，那一年我已經26歲了。

找到動機後，讀書和學習有如倒吃甘蔗，半年內考過托福和GRE，應試上美國德州農工大學，5 年內完成碩博士學位，10 年後回到台灣的大學當助理教授，4 年升副教授。

　　所以若孩子找不到學習目標，就讓他去體驗、嘗試、工作、出走，進入社會後就會知道學習的重要性，但若一直綁在學校的學科學習裡，學習只會被視為應付父母的苦差事。

解藥

從小孩的興趣找出
最能立即完成的小事項

設定小目標

　　回到最開始的問題，孩子好像對很多事情都有興趣，例如看到 After Effects 可以做出酷炫的動畫和視覺特效，想要立刻投入，卻發現原來做個特效需要花這麼長的時間，還需要不斷的研讀書籍或看教學影片，於是就放棄了。這時候爸媽或教師應該做的是幫孩子設定最小可達成目標，例如學會 After Effects 的圖層（layer）的觀念，甚至更小目標，例如圖層的基本種類像是文字圖層與色塊圖層有哪些不同。當孩子完成這個小目標後，記得給孩子獎勵和肯定，例如肯定孩子：「我剛剛發現你在學習的時候很有耐心，不懂的地方還會找更多資料來學習，你真的很棒。」記得稱讚孩子的時候不能只是說：「你好棒。」而是需要給予具體事由，讓他知道耐心和問題解決的能力是被高度肯定的。

　　在這過程當中，孩子就會漸漸知道自己喜歡什麼、不喜歡什

麼，每一件事物的嘗試，都是大目標和小目標的設定，家長需要帶著孩子一起設定目標，並且確實執行，定期檢視，確保往目標前行，如此就不用擔心目標一直改變或者不能持久了。

　　對於年紀較小、要多一點外在動機的小孩，可以給予其他誘因，例如製作點數卡，集滿點數可以兌換玩具、買糖果、玩手機、打電動等娛樂。但切記給予點數的原則要一致，不能隨著大人的心情任意給予。但是當孩子做錯事時，不要用扣點數的方式當作懲罰，因為這會導致孩子害怕被懲罰而不敢嘗試。應該要幫孩子釐清他做錯事的原因，例如明知道吃飯的時候不能喝飲料，為何還自己開冰箱倒飲料，最後灑了一地。這時可以與孩子一起討論這件事情。步驟可以是：

① **說明規範的重要性**：爸媽認為孩子只要喝飲料，飯就會吃不下，所以訂下這個規範。如果規範可以不被遵守，是不是去外面也可以不遵守規則和法律。可以實際舉例，例如紅燈不停車，交通就可能大亂了。

② **請孩子述說自己的感受**：孩子因為看到爸爸吃飯時也喝飲料，所以自己也想這樣，但孩子無法理解的是爸爸會邊喝飲料邊把飯吃完，而孩子卻是喝完飲料就不吃飯

了。父母可以用理解孩子的方式提問：「所以你認為這樣不公平是不是？」並和孩子約定：「你可以先把飲料倒好放在旁邊，但是吃完飯才能喝。」

③ **請孩子道歉或自罰**：因為飲料灑了地板，邀請孩子道歉，並一起整理，最後自己想方法自罰，比如少看電視 10 分鐘，或是下一餐吃飯不能喝飲料。

⭐ 學齡前兒童的好習慣培養

我的小孩今年 5 歲，在孩子表現好的時候，都會給予點數鼓勵。例如準時出門上學、出遊時表現良好、認真吃飯並適時完成。然而時間久了，他開始又故態復萌，例如賴床、拖延、吃飯不專心。他喜歡到遊樂場玩賽車，一開始使用自己撲滿裡面的零用錢，但零錢馬上就不夠用了，我們開始引導他：「如果你可以 8 點前準時出門上學，就可以賺 10 元。」抑或是「如果你可以 10 點前上床睡覺，就可以賺 10 元。」一開始他根本不在意，一樣賴床和晚睡，直到零錢完全用盡，意識到沒錢打電動時，他變得很嚴謹，請媽媽每天 7 點叫他起床、晚上 9 點半就準備要睡覺了。

雖然這種外在動機不能常用，但是在學齡前兒童無法了解內在動機時，外在動機是個培養好習慣的工具，且要讓孩子心甘情

願去培養好習慣，而非壓迫式的命令。當小孩完成好習慣行為時，要給予正向鼓勵，例如：「我發現你這禮拜都8點前出門耶！繼續加油喔！」記住加強事實部分（8點前出門），而非結論分（你好棒，很乖）。

也可以藉此引導孩子：「可以跟我分享每天早半小時到學校在做什麼嗎？」若孩子說早一點到學校可以多一些時間跟同學玩，或聽老師講故事，就可以從這裡加強他的好習慣，例如：「所以早一點到學校可以有更多時間和同學在一起玩。」自然而然就能培養孩子的內在動機，也就是「準時到學校是有趣的」。

⭐ 管理拖延技巧

① **找出大目標**：例如 3 個月學會 scratch 軟體。一定要設定時間，而非只有目標，沒有設定時間就不會有壓力。

② **設定小目標**：小目標需要可以每天（至少一週 5 天）務實地完成，一次只專注一個目標，不要設定需要長時間和很大努力才能完成的目標，例如不要設定「每天寫出一個遊戲」這樣的大目標。只要有接觸即可完成的目標，例如「每天練習 15 分鐘的 scratch。」

③ **善用零碎的 15 分鐘**：例如距離吃飯前還有 15 分鐘，可以拿來練習 scratch，這樣吃飯前就完成今天的目標了。若在睡前無法完成，記得睡覺前要做到這 15 分鐘。

④ **強迫自己工作時專注**：強迫自己這段工作時間需要專注，不回訊息、不管電話、不管外在刺激，隨時提醒自己：「忍住 15 分鐘就可以娛樂了。」

⑤ **給自己小獎賞**：完成小目標後，就給自己小小的獎勵，例如「我只要完成 15 分鐘的 scratch 且不分心，就可以看 5 分鐘的 YouTube 影片。」可以的話再繼續做 15 分鐘。

⑥ **記錄完成的小目標**：每天將自己的 15 分鐘用筆記本或 excel 檔案記錄起來，這種感覺像是在存錢一樣。

推薦學習資源

本節介紹的書單偏重拖延與動機議題，從自己的興趣找到動機，透過設定大目標及細分小目標而完成，以及主題式的學習與創作。本節介紹書單如下。

推薦書

《拖延心理學》

珍‧博克、萊諾拉‧袁（Jane B. Burka, Lenora M. Yuen）著，洪慧芳譯，漫遊者文化出版（2017，修新版）。

此書帶領讀者了解為何人們會有拖延的毛病，透過腦神經、大腦、心理疾病、及家庭傾向等因素造成拖延的問題。本書將特別將拖延分成五大類，且盤點出拖延的狀況後，帶領讀者採取四大技巧終結拖延。

推薦書

《動機，單純的力量》

丹尼爾‧品克（Daniel H. Pink），席玉蘋譯，大塊文化出版（2010）。

此書運用理論解釋人不該單靠外在動機（金錢、名利）來行動，而是應該透過內在動機。人類天生就有「追求新奇與挑戰、延伸並鍛鍊自己的能力、主動探索與學習的內在傾

向。」若能激發人的內在進取心，就可以長時間堅持努力工作，並且由自我實現的成就感來不斷的誘發自己朝著目標前進。

推薦書

《最有生產力的一年》

克里斯・貝利（Chris Bailey）著，胡琦君譯，天下文化出版（2016）。

作者利用一年的時間進行一項研究，試圖在最短時間內，進行最有效率的工作方式，將工作與生活的生產力提升到最佳化，包括熬夜整夜、每天 5 點半起床、一週工作 90 小時、與人群隔離 10 天、每天只用 1 小時的手機、一週看 70 小時的 TED。對於想要短時間提升自己的生產力，此書是最佳選擇。

【重點回顧】

- 從孩子的興趣點挖掘學習機會，帶領孩子設定大目標，並細分為小目標，並用軟體或筆記本記錄這些完成的事項。

- 對於學齡前兒童（例如準時上學可以賺零用錢），可以適當使用外在動機，隨著年紀增長，漸漸導入內在動機（例如準時上學可以多一些時間進行有趣的學習）。

- 管理拖延：找出大目標、設定小目標、善用零碎時間、專注工作、犒賞自己、記錄工作時間。

5.

關懷社會
可以成為
學習目標嗎？

服務學習是去服務社區或需要幫助的人，對成績似乎不會有幫助，由於是志工性質，所以也不能拿鐘點費，唯時數可拿來申請大學使用，看起來實用價值不高，所以為什麼需要做服務學習呢？

【新課綱提問】

【故事劇場】

　　教育部的數位學伴計畫是讓大學生透過電腦遠距幫助偏鄉孩童加強一般學科，讓偏鄉孩童的學校學習不致落後。

　　小英是大二的學生，修了一門服務學習課程，原本課程規定透過服務來學習，而這項服務剛好就是線上幫偏鄉孩子上課，但是小英看到教育部數位學伴計畫，讓執行偏鄉遠距教學計畫的大學伴可以領錢，小英認為她也應該可以領錢。

　　小英的朋友小薰是社會工作學系的學生，規定需要志工證書才能畢業，但是他看到教育部數位學伴計畫的大學伴可以領錢，小薰也想領錢，同時拿志工證書。

　　小英與小薰相約到學校數位學伴辦公室，同時應徵此學期的數位學伴服務，他們並未告知應徵數位學伴的的意圖，且兩位皆應徵上教育部數位學習大學伴。

　　小英是因為喜歡幫助弱勢孩童才選修服務學習課程，小薰也是因為喜歡幫助弱勢族群而選擇社工系，但因為服務同時可以領錢，金錢似乎成為兩位同學的主要目標。原先教育部執行數位學伴計畫也希望可以透過關懷社會的經驗，引發學習或立定志向的契機，但或因制度上的缺失，某種程度也讓政策變調。

社會規範理論 ！

★ 社會規範中出現市場規範的問題

　　原本服務偏鄉是出於助人，幫助他人使別人有收穫，看到受助者的回饋，自己也感到高興，這就是「社會規範」，是指「人們共同遵守的道德倫理或風俗習慣」。然而，當一份服務用錢來衡量的時候，如同偏鄉服務計畫的大學伴可以領錢時，服務就變成了要求對方付出相對價值的「市場規範」了，當「市場規範」拿來衡量「社會規範」時，原意可能就變調了。

　　其實華人世界的教育與學習常常是從原本的社會規範變成市場規範的培養，小孩子到幼稚園上課可以玩玩具、運動、說唱逗趣。但到小學時開始被教育考好成績，爸媽會買玩具獎賞，學習從原本快樂的社會規範變成利益兌換的市場規範。接下來的學科越來越無聊，學生準備考試只為了考上好大學，上好大學只為了畢業後可以找到好工作，市場規範在求學的歷程當中，到大學畢業那天徹底實現了。

　　然而學生忘記了當初學習的快樂，甚至不曉得學習可以幫助社區、社會和世界，每個人的學習都是功利性質的追求畢業後的好工作，希望可以賺大錢，但是全球暖化、汙染、貧窮、疫情、

高齡化、少子化、戰爭、人權等這些問題卻很難成為學習的目標，社會規範徹底破滅，人也活在市場規範的禁錮裡，對彼此冷淡和利益交換，人之間最初的那份相處的快樂漸漸地蕩然無存。

　　過去九年一貫教育課程中，提倡學生做志工服務，培養學生的人文關懷與公民意識，到了 108 課綱後，學生升學的備審資料著重學習歷程檔案的多元表現，當然志工服務也可以是可以上傳的彈性學習成果，但多數教師或家長會建議學生不要上傳志工服務，因為「沒什麼亮點」。

　　我認為這是學校課程並沒有教育學生何謂「服務學習」，因此常常將其認為是服務為主，雖然多數文獻提到服務和學習是同等重要，我個人卻認為「學習比較重要」。

服務學習中維持社會規範的重要性

　　以前我覺得服務與動機有很大的關係，例如外在動機的驅使，例如服務時數、服務獎狀、服務金；抑或是內在動機，例如看到他人因為服務得到得快樂，與給服務者的回饋。但是光用動機解釋其實還不夠，重要的是建立同理心。有同理心後才會感同身受，想去服務。例如看到新聞報導育幼院的孩童生活上的狀況，其實同理心有限，但如果讓學生與院童生活一段時間，同理心就會建立。

學習歷程檔案強調學生去思考學習的目的，例如看到課輔育幼院小朋友，學生開始思考住在育幼院的孩童的「自我認同」是否因為生長環境與一般家庭不同而有差異，若能透過探討其差異，而了解該如何在課輔或陪伴上幫助育幼院孩童，將其過程以「小論文」的方式進行研究，因為想幫助院童而在大學時選擇社會工作、心理諮商等科系，這才是 108 課綱所強調的「道德實踐素養」。

　　圖 5-1 說明社會規範理論分為正式和非正式規範，但大部分人提起社會規範時還是著重於非正式規範，因此常會有人說「法律是最低限度的道德」，合乎道德的通常是合法的，然而事實或許不是這樣，例如偷東西是為了貧苦的人、大舉示威抗議是為了勞工權利、縱容小販非法經營是為了讓他們可以生活。

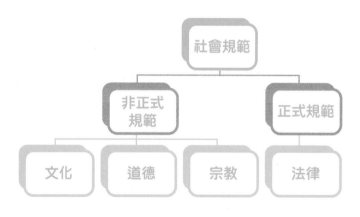

圖 5-1 社會規範理論

社會規範應該融入服務學習，讓學生了解自己的任何行為都有道德和文化的考量，讓社會不再流於市場規範，不再只為追逐名利和財富而做服務學習，而是看到社會議題，思考自己如何學習，以「解決問題」的方式貢獻社會。

知名電影《辛德勒名單》中，描述在納粹統治期間，窩藏猶太人是違反法律，甚至賠上性命，但是擁有百萬身家的商人辛德勒（當時身價百萬已經算是富豪），花光了財產蓋工廠，讓一千多名猶太人可以在工廠工作，從而避免被送到集中營和毒氣室，辛德勒甚至為了保護猶太人避免遭到屠殺，還送上鉅額的賄款，甚至從黑市買鑽石和食品來賄賂軍官。

辛德勒原本賺的錢是一輩子都花不完，他大可以在戰爭的時候獨善其身，找個安全的地方生活。但他違反法律，散盡家產盡可能保護猶太人，他拯救了一千多名猶太人，他遵循著非正式規範裡的道德，即使違法、賄賂，他也要行公義之事。他在幫助猶太人後，自己卻落得窮愁潦倒，但他因此流芳萬世，成為納粹期間真正的英雄。

★ 社會交換 VS 利他主義

還沒有金錢貨幣的古代，送禮是一種寄放錢在他人家中的概念，當你生活陷入困難的時候，曾收過你的禮物的人就必須回報。

甚至現今社會還有部落維持著收禮後，要在一定的期間回禮，不然會被部落民眾討厭。台灣的紅包文化也是如此，中南部還盛行甥姪結婚時，叔叔要包六萬元的大紅包，若之後叔叔的孩子結婚時，也同樣要回禮六萬塊，收到這樣的禮金都不知道該感謝叔叔的疼愛，還是為未來是否能回禮而苦惱。

這就是「社會交換論」所主張的，你會在人際關係中衡量社會成本，有可能捐錢做慈善，是要在社會或機構中獲得名聲；有可能掃街撿菸蒂或淨灘，是為了博得公益的形象，好方便未來進行政治競選；有可能在疫情時刻捐物資到醫院，是為了搶得媒體版面。

要不要幫助別人，或許取決於做這件事情是否對自己未來的名聲、曝光率、正面形象、或者金錢收益是有幫助的，若沒有的話，可能就會覺得助人成本過高，而不願助人。然而這個理論似乎有個瑕疵，套用上述提到的辛德勒，他為了幫助猶太人散盡家產，以社會交換論而言，只為了死後的流芳萬世，這社會成本代價也太高了吧！因此丹尼爾・巴森（Daniel Batson）在 1991 年的研究中，提出純粹助人是為了減輕自己看到他人受苦的罪惡感，「辛德勒名單」是一例，「林肯救豬」也是。

在一次滂沱大雨的路上，美國總統林肯坐在馬車上，路過一個泥淖，看到一隻豬越陷越深，林肯穿著西裝筆挺正趕去開會，他忍住自己的惻隱之心逕自而去。然而他想到這時候不會有人看

到那隻豬，除了他以外，豬是不會獲救的，於是他折返原路，將這隻豬救了出來，他全身的西裝沾滿了泥濘，屬下問他：「又沒有人看到你的善行，為何要這樣做呢？」林肯回答：「我這是完全出於自私，如果我就這樣走掉，光想到豬因為我見死不救而死去，我的內心就無法安寧。」

減低自己看到別人受苦的罪惡感，發揮同理心，無論自己有無得到回報，都會基於單純的利他理由而助人，這就是單純助人的「利他主義」。

⭐ 鬼滅之刃的助人

若說助人只是發揮同理心，不忍看到別人受苦，似乎還是很難解釋為他人犧牲的助人，為了降低自己內心的罪惡感，而犧牲生命，好像社會成本太高了。

在電影《鬼滅之刃劇場版：無限列車》，主角煉獄杏壽郎（炎柱）是正派超強勇者，在面對反派強者上弦三時，正派鬼殺隊（炭治郎等人）身受重傷、且能力差距過大，炎柱即使體力大量消耗，也要擔起保護鬼殺隊和列車上兩百名乘客的重大使命，他承諾不能讓任何一個人死去。炎柱小時候，母親傳達給他的信念就是「保護弱者是強者的職責」即使犧牲生命，都要貫徹保護弱者的使命，這是「自我超越」的境界。人們因為炎柱的犧牲

維持正義　　　保護弱小

而活著，即使活著的這些人，可能沒有人可以鍛鍊到像炎柱這樣強大的境界，但炎柱認為貫徹母親給他的信念和使命，就是他生命的意義。即使炎柱不是滿血狀態，面對大魔王等級且是滿血的上弦三，他也是拚死一搏、最後犧牲生命，這樣的精神令人動容。最後他也實現了承諾，保護了鬼殺隊和列車所有的乘客。

因此「自我超越」的境界是比單純發揮潛能和實現自己的理想還要更遠大，是超過馬斯洛需求理論的「自我實現」，因為當一個人可以連性命都捨棄，只為了找尋生命最終的意義，那是比降低內心罪惡感的「利他主義」還要更偉大。就炎柱而言，他認為維持正義和保護弱小的目標是值得犧牲生命去追求的。

設計思考

　　教學法有很多，本節提供個人多年服務學習教學的經驗作為參考。因為服務學習的目的是要學生透過親身經歷的服務，與環境和社會互動，從中學習各種問題解決技巧、人際溝通、同理心、謙卑待人，期待透過系統式的服務模式以幫助社會或環境，並達到自己的學習。因此設計思考是個人認為最佳的教學法。下圖 圖5-2 簡單說明「設計思考」五步驟：

① **同理**：透過進入場域的觀察，同理場域人們的真正感受。

② **定義**：進入文獻探討或訪談當地人，了解問題的痛點，釐清真正問題。

③ **發想**：團隊開始發想，以幫助場域改善問題的角度思考，經過發散思考與收斂點子。

④ **原型**：歸納出真正可以幫助及改善場域的方法，進行開發產品或發展服務模式，進入製作原型過程。

⑤ **測試**：將產品或服務模式帶回場域，透過當地人的使用或環境測試，了解使用者需求，進行優化改善或最佳化設計，將產品或服務模式做到符合當地的實用性、公益性及助益性。

圖5-2 設計思考融入服務學習

　　大部分的服務學習課程都是教師看到社會問題，覺得透過服務可以幫助到場域，因此就帶學生投入進行服務，例如利用遠距教學幫助育幼院孩童、定期到養老院表演、到國小進行英文遊戲。基本上這些只做到設計思考的第三與第四步驟，有時候受服務的人並不覺得有被服務到，例如育幼院孩童最需要的是情緒上的陪伴，但遠距教學通常都是認知上的教學；養老院老人最需要的是提升自己的價值感，若讓老人可以說自己的故事可能才是對他們最大的幫助；國小孩童最需要對英文產生興趣，而不是大哥哥大姊姊偶爾來一次的玩遊戲，因此帶孩童自行操練線上英語遊戲或許才是持續性的幫助。

誘發學生的同理心

在社會價值的影響之下,大學生看待服務學習,會成為如上述故事所呈現的,服務只是為了達到系所要求、或是賺工讀金,這是社會交換理論所描述的現象。如何讓孩子把助人這件事從社會交換的想法轉變為利他主義,設計思考的「同理」階段可以做到這件事。

例如做育幼院遠距教學時,除了觀察和相見歡以外,可以嘗試讓大學生與育幼院院童一起住上幾天,在院內用餐與工作,近距離體會院童的生活。大學生會了解到這些院童會有功課上的落後,有很大一部分是來自心理的空缺,爸媽可能因為販毒、吸毒、家暴等問題,社會局只能將這些孩童安置在育幼院,但感情上最需要的陪伴、自信心、安全感卻無法被培養。

學生們透過訪談和同理心觀察,漸漸了解孩子的認知能力無法跟上,有很大一部分是心理因素造成,從而理解到院童最需要的或許不是認知上的補救,而是陪伴,讓他們有個正常家庭的感受。這是設計思考的「定義」階段。

當學生有了同理心,也了解院童真正的痛點,可以「發想」各種陪伴的點子,例如利用週末帶院童到大學校園參加活動、舉辦慶生會、或者單純與院童一起讀一本書,這是設計思考的「發想」階段。

大學生可以將這些點子變成最省人力、最短時間、最省經費的測試，例如開始與院童一起找一本書，週間的時候，院童和大學生各自讀同一本書，見面時一起討論所讀的內容，測試看看有什麼問題，這被稱為「最小可行性辦法（Minimum Viable Product）」，就是利用最少的資源製作「原型」，也是設計思考的第四階段。

　　最後可以訪談院童或育幼院的社工和院長，了解是否有解決孩子的問題，如果沒有，就進行滾動式修正，這是設計思考的第五階段「測試」。

　　這是服務學習的教學法，但身歷其中的學生透過這樣完整的設計思考操作後，他們學習用敏銳的觀察技巧理解社會問題，並思考自己的能力如何幫助到社會，或如何加強自己的能力幫助社會，如此成為自己學習的動機，這才是服務學習促進學生學習的最大目標。

推薦學習資源

「設計思考」博大精深，幾乎可以用在任何教學的操作上，對於帶領學生進行探究問題、議題挖掘、問題解決有絕佳的影響，有興趣的老師可以參考下列書籍。

推薦書 《設計思考全攻略》

賴利・萊佛等人（Larry Leifer, Michael Lewrick , Patrick Link）著，周宜芳譯，天下雜誌出版（2019）。

雖然此書不是以教學法角度撰寫，但提供各種設計思考五個步驟的多種策略及活動，有助於老師在進行各個階段時候的活動帶領，非常適合用來設計創新教學。

推薦書 《三零世界》

尤努斯（Muhammad Yunus）著，林麗雪譯，大塊文化出版（2018）。

此書為諾貝爾和平獎得主尤努斯撰寫，貧窮國家孟加拉出生的他，得到獎學金負笈美國，拿到博士並擔任吉大港大學（Chittagong University）經濟系主任，之後辭去教授一職，回到家鄉創辦特別貸款給窮人的「微型貸款」，幫助數萬家庭脫貧。

《貧窮、金錢、愛：用最少的資源達到最大成就，把創業精神當成改變世界的力量》

潔西卡‧賈克莉（Jessica Jackley）著，莊靖譯，果力文化出版（2016）。

推薦書

　　此書為公益創業家潔西卡賈克莉所撰寫，延續尤努斯的精神，她創立了全世界最大的微型貸款網站 Kiva，此書描寫如何透過真正的幫助，給弱勢者尊嚴和機會，透過熱情、勇氣、堅毅力和創造力改變自己的未來，也改變世界。

【重點回顧】

- 當市場規範機制（例如當志工是為了賺錢）進了社會公益，社會規範機制（例如服務是為了達到自我實現與利他行為）有可能就因此變調了。

- 學習的目的不是追求名利與財富（市場規範），而是觀察到社會議題，進而思考如何解決問題（社會規範）。

- 服務不是提供「自以為幫助他人」的服務，而是要同理被服務者，觀察出真正的痛點、發想可行性辦法、發展模式和回饋測試（設計思考），讓被服務者真正感受到需求被滿足到。

- 「社會交換論」提出助人是為了自助，但利他主義者認為助人是為了降低內心的愧疚感，相較之下利他強調單純的助人。尋求生命最終意義的「自我超越」，像是鬼滅之刃劇場版的煉獄杏壽郎（炎柱），認為維持正義和保護弱小的目標是值得犧牲生命去追求的。

第二部分

培養未來人才的
教學策略

6.

填鴨教育長大的老師
如何教學生
適應未來社會？

108 新課綱強調素養導向教學，
意思就是利用學校所學的來解決社會問題
的能力，教師必須要有跨域的能力。然而現在
大多數的教師，過去多接受傳統講授的填鴨教
育，就連師資培育都是分科培訓的。

【新課綱提問】

戴爾公司未來中心估計 2030 年
將有 85% 的工作在現代是不存在的，絕
大多數的工作將由機器人和科技取代。填
鴨教育長大的教師，如何教導不知道未
來工作在哪裡的學生呢？

【故事劇場】

明華（化名）的爸媽出生於嬰兒潮時代，從小明華爸媽希望他可以透過讀書翻轉勞工背景的家庭生活，所以花大筆補習費將他送往補習班學學科和才藝，但是明華不喜歡學習，反而喜歡看小說、漫畫、電視及在戶外玩耍。這些補習班的公布欄上都張貼著五花八門的英雄榜，考上明星高中的學生、拿到縣長獎的學生、一學期進步 80 分的學生，這些看起來渲染誇大的廣告張貼，讓明華爸媽願意將辛苦賺來的錢花在上面，就是希望明華可以上國立大學。

然而明華高中畢業後沒有如爸媽期待，上了一所私立的大學，畢業後也在一家貿易公司當行銷人員，結婚後明華與太太迎來 Z 世代小孩（1990-2000 出生的孩子），明華一開始堅持不讓孩子上補習班，但是當孩子上了國中以後，升學壓力迎面而來，甚至要多面向的基本能力考試，不是像以前一樣看聯考分數而已，課外活動、服務學習、各項學科分數都要納入計算。因此明華的孩子一樣在逼迫下，進了這些渲染誇大廣告的補習班，為了上好的高中，明華的小孩被迫上這些他不喜歡的學科和才藝的補習班，終極目的就是考上國立大學。

明華明明知道自己小時候非常討厭上補習班，然而當他成為爸爸的時候，他還是希望孩子以升好高中、好大學為目標，最後

還是回到學科導向和分數導向的補習班，繼續著讓孩子上著提不起興趣的知識學習與考試練習。

　　第二部分　培養未來人才的教學策略

泰勒的科學管理理論 !

　　上述明華的例子是填鴨式教育造成的結果，似乎國民教育的學習就是為了上好大學，而上大學之後，過去所學的知識都可以忘光。上了好大學就完成人生的目標了嗎？研究指出，現今有 **47%** 的工作會在未來 **20** 年消失，而 **65%** 的工作還沒被發明，也就是在未來的世界，機器人取代工作的速度會比產生新工作的速度還要快，那人要做什麼呢？

　　台灣傳統的教學風氣偏重填鴨教育的原因，因為經濟起飛後，台灣跟中國一樣，為了超英趕美，必須在很短的時間內將知識學會。嬰兒潮時代（**1945-1965** 出生）的學生都是這種製造模式，然而台灣教育歷經「九年義務教育」、「十二年基本教育」及「九年一貫課程」，儘管有各種不同的理想，填鴨式教學還是無法改善。到了今日的「108 課綱」素養導向教學，還是有多數的人大舉呼喊回到過去聯考制度。

　　在過去知識很難獲取的年代，知識獲得只能從教師口述和少數的書籍記載。填鴨式教育才能讓學生用最短的時間學得教師的知識、背誦、練習及考試以確保知識能留存在學生的記憶中。這在嬰兒潮年代出生的人或許受用，因為那時候學生人數多，

產業需要大量的勞工。當學生拿到成績單和畢業證書之後，依靠學得的一技之長，或許就可以用一輩子了。

⭐ 科學管理理論

美國泰勒（Frederick W. Taylor）是工業革命後的管理之父，強調用科學方法管理工作，讓所有事情都是有計畫、有條理的規劃，不容許工人有偷懶的時間，連工作的合理時間都有合理化的績效指標。科學管理理論分為六項原則：

① **動作研究原則**：針對人體各部位工作找出最好的工作方法、最好的工作指標，找出最合適擔任某項工作的人選，例如眼力好手巧的人，最適合穿針孔。

② **時間研究原則**：確定工人的合理工作時間，連休息都有指標，若超出預期工作績效可獲得獎勵，用經濟報酬當成工作的最大動機。

③ **按件計酬原則**：工人的酬勞應該以件數來計算，不應以工作時間長短來計算，所以一個小時完成 10 件產品的工人薪資比工作兩個小時的工人卻只完成 5 件產品的工人薪資還要高。

④ **計畫與執行分離原則**：工作計畫由行政管理人員負責，基層員工只須執行任務，稱為專業分工制度。

⑤ **功能管理原則**：不同功能有不同的行政管理，每部分的功能由專門專家負責，但只能聽命一個長官。

⑥ **管理人員專業化原則**：行政人員須接受專業訓練，熟悉科學管理方法。

在 20 世紀初，透過這樣的管理方式，的確提升了產品的品質及產量，但是這樣的管理只重視經濟效益，在訓練人力的過程中，也造就了學校在訓練學生時，透過考試和標準答案來達到員工訓練的準確性及標準性。但是人不是機器，有各種情緒，且每個人都有不同的專長與性格，學校訓練出來的學生不應長的一模一樣。

演變到今日的社會，甚至有 21 世紀重視的關鍵能力，像是批判性思維、問題解決、溝通能力、創造與創新及團隊協作這些過去傳統學生和傳統課程幾乎無法著墨的能力。

這就是為什麼適用過去工業化時代的科學管理化的訓練教育，已經無法適用在今日的社會，若繼續讓正確答案及考試導向取代人的適性發展，可能對社會發展有不良的影響。

⭐ 大學的社會學概論

記得我大學一年級的時候，社會概論課堂用了一本精裝本和彩色印刷的社會學原文書，20 年後我翻著大學時代書上的筆記，

發現書上原文書上的單字筆記只出現在前 30 頁而已，後面有將近 300 頁空白如新，我回憶起 1999 年的大一社會學老師是如何教這本原文書的。

每堂課裡，老師逐一翻譯解釋這本書，帶我們看書內原文的內容，試圖了解涂爾幹、馬克思、共產、殖民、文化等，這些對當時身為大學生的我，算是艱澀的硬知識。我們的進度非常緩慢，有時候一節 50 分鐘的課根本翻譯講解不到兩頁，即使當初的我不算是認真的大學生，也是坐在教室耐著性子聽老師翻譯。

這種教學方式在現今看來簡直匪夷所思，因為教授基本上就是在翻譯。而填鴨式教育下的我，當時甚至覺得老師英文很厲害，怎麼知道這麼多艱澀的英文字？時代改變了，現今大學課堂上應該不會出現這種狀況，然而現代的課程會是什麼景況呢？有的教授，會將整本原文書通盤了解後，做成簡報，在課堂上以淺顯易懂的方式說明給學生聽，這個方式是教授先消化完知識再傳授，但學生是否要聽講，是自己的選擇，只要同學上課不干擾學習氛圍即可，畢竟學期末教授還得靠學生們評寫高分的教學評

量，讓教授的教學分數可以通過評鑑。這樣的教育制度可以培養出「超級教授」，但學生的學習成效並不會提升。

若是想訓練學生自主學習的教授，可能會分配小組依章節報告，所以每週都會有小組報告，小組必須製作簡報，提問和帶活動。這樣的上課方式會是當週需要報告的小組花時間討論，小組成員分配報告的內容，之後再將自己的部分整合成一份簡報，由報告者報告。而報告當天，非報告小組在課堂上參與度極低，也或許會有學生不願意出席。報告小組報告得好不好，是報告組與教授的事，漸漸的，報告小組只會向教授報告，其他學生做自己的事。

我們的時代改變了，Google 和網路幫我們做了很多過去教授在做的事，但學習成效真的提升了嗎？

自學與思考

⭐ 填鴨教育成長的老師該如何進化

　　雖然 108 課綱素養導向教學的倡導，很多教師開始思考創新教學，但是因為課程架構及考招制度沒有太大的變化，大多數的課程還是以考試導向教學，然而考題變得更活用、更需要邏輯思考與分析。傳統教學要應付這樣的考題，教學法還是很難有變化，因此大多數的上課還是講授為主，加上常有的行政會議、招生、和計畫，幾乎沒有時間與其他老師一起共備課程、課後議課、或創新創課。

　　不過最佳的課堂帶領還是有幾種建議的操作模式，在此先分享學思達教學法為主的變化操作，之後章節將會分享更多自學及跨域的策略。

① **翻轉教室：**先規劃影片讓學生在家預習，到課堂上再分配小

組練習習題或討論，課堂小組討論可融入遊戲機制，讓小組進行競爭、搶答、積分累積等。因為過去傳統課堂上都是老師講課，回家再作習題演練，如此的做法稱為翻轉教室。然而人總是有惰性的，此方法常發生的問題就是學生沒看影片，到課堂上無法討論或一起解題，或者教師沒有預錄足夠的影片量讓學生觀看等問題。

② **翻轉教室＋學思達**：為了解決翻轉教室的問題，學思達是很好的解決方式（張輝誠，2015）。以下為學思達的五步驟：

（a. 學生自學）：利用在課堂的時間進行學習，約占 15-20 分鐘，此步驟可彌補翻轉教室中學生沒時間或沒意願預先學習的問題

（b. 思考問題）：利用練習題讓學生演練或思考，例如簡答題、計算題、是非或選擇題，此步驟可以規劃簡單的記憶理解問題，也可規劃高層次應用及分析問題，端看學生程度和學習吸收狀況。

（c. 小組討論）：若是簡單的記憶題，學生可以自己答題，若是進階的申論題或應用題，則需要小組討論，甚至查詢書籍或網路來解題。

（d. 學生表達）：鼓勵低程度學生表達和發言，讓高程度學生輔導低程度學生上台簡報，藉此讓提高小組分數。

（e. 老師統整）：教師的重點統整及完整解說。

上述五個步驟中，學生自學最重要，其他步驟均可依照時間調整或省略。雖說此方法可以解決翻轉教室學生不願意預先學習的問題，但是課堂時間的掌控，以及學習載具（講義、平板）的問題均需要克服。

③ **翻轉教室＋學思達＋拼圖法**：此方法僅適合人文社會領域的課程帶領。為解決上述問題，步驟為：

> a. 共同觀看影片

> b. 帶領者簡要講授主題重點

> c. 拼圖法討論研究主題

> d. 小組準備簡短報告

> e. 報告及討論

a 步驟共同觀看主題相關影片則可解決學習載具不足的問題，而帶領者（教師或報告小組）可以歸納、補充說明（b 步驟），而拼圖法帶領有下列步驟：

> a. 需要小組分配專家主題

> b. 個人在課堂上研讀專家主題

> c. 至專家小組討論主題

> d. 回到小組報告各自精熟的主題

⭐ 終身學習的能力與態度是面對未來的關鍵

因為網路上爆量的知識已經讓這個世界轉變為「知易行難」，現在的學習要更著重「自學」與「跨域」的方式與能力。若老師還是用過去嬰兒潮時代的授課方式，「口述傳授」、「手寫記載知識」，是無法能教出面對任何行為、思考都會被機器記載，且知識都是機器產生的時代。

填鴨式教育是過去工業化社會的產物，希望員工在工廠裡的每個技術都能純熟、保證品質一致、每個人只需要一種技術就可以活一輩子了。但教育本身不是罐頭式的填鴨，孩子不是一批批的送入生產線、灌入填裝物、再一批批的送入社會中繼續製造更多的罐頭。教育是讓每個孩子都可以激發他們的興趣和潛能，讓他們擁有快速學習知識的技能，來面對未來的社會，以及對知識產生興趣的態度。激發不同孩子的潛能，教育出適應未來社會的人，以及終身學習的能力與態度，已經比知識本身重要太多了。

推薦學習資源

《學思達：張輝誠的翻轉實踐》

張輝誠著，親子天下出版（2015）。

此書詳細解說學思達教學如何形成，與作者張輝誠的成長蛻變過程之關係，也因為看到傳統教學和評量的缺失，學思達五大步驟方因應而生。此書詳細介紹學思達的操作流程，並包含了如何將學思達應用在小學到大學的不同年齡層、文科到理科的不同領域。

《為未來而教》

葉丙成著，親子天下出版（2015）。

此書是葉教授引進國外翻轉教室，接地氣的操作細節說明，除了翻轉教學的創新應用，還有如何建立孩子和家長正確的求學及能力培養的觀念，指出台灣教育的缺點，並提出BTS（了解＋引導＋觀察＋學習）教學的問題解決方法。

【重點回顧】

- 因為工業革命的科學管理,需要大量的製造規格化人力,所以才有填鴨的講授和考試訓練,但在機器人取代工作的時代,人需要學會的是終身學習的能力與態度。

- 學思達可以解決學生在翻轉教育中不看影片的問題,若再搭配拼圖法,可以解決上課講義或學習載具不足的問題。

- 未來 10 年大部分的工作現在都還未存在,因此現在的學習要更著重「自學」與「跨域」的方式與能力。

7.

都市孩子
真的比較優秀嗎？
城鄉差距**有解嗎**？

有家長提出疑問，
住在鄉下的孩子競爭力比較差，
為了孩子是不是應該搬到大城市？

【新課綱提問】

城　鄉

【故事劇場】

我曾經帶學生到某家育幼院提供服務學習，一學期除了兩次的期初相見歡與期末成果展，其他時間是透過線上遠距教學與育幼院孩童互動。

育幼院只有四台桌上型電腦，因此每週只有一個小時的時間，有四位小孩可以使用電腦線上學習。記得有一學期我帶領閱讀，請育幼院孩童從他們的小型圖書館架上選出自己想看的書，而遠距的大學伴看相同的書，在遠距互動中討論。

育幼院的圖書館裡的書都是來自各方捐贈，有一半以上的書都是新的。記得我第一週到育幼院時，看到孩童為了打電動而參加遠距教學，卻對電腦後方嶄新發亮的書無動於衷。於是，我拿了一本《賈伯斯傳》，並詢問孩童：「你們知道這個人是誰嗎？」孩子們聳肩搖頭。

「那你們知道這支電話是什麼嗎？」我拿出口袋裡的iPhone。

「iPhone 啊！這還需要問！」孩童們回答。

「那你們知道 iPhone 就是這個人發明的嗎？」我同時拿著《賈伯斯傳》和 iPhone。

「喔！是喔？」孩童不以為意地回答，繼續回頭打電動等待遠距教學上課。

他們寧可盯著電腦螢幕、打電動，或看 YouTube 影片，身後書櫃上的那些書卻沒人想動。

　　經過一學期之後，在遠距教學下，大學伴與小孩會讀完一本書，但大多數孩子是被逼著看書的，甚至大學伴們也是被逼著閱讀，並在線上講解內容給孩子們聽。學期末我再一次到育幼院，發現書櫃上沒拆封的書還是一樣多，那些書籍依舊嶄新發亮地陳列在架上，只是上排多了一層薄灰。

　　我突然了解，其實弱勢孩童需要的不是各方捐贈或者政府賺 KPI 的補助，而是可以誘發孩童學習興趣的人。這些人包括輔導員、社工員、教育者、或志工，而他們不能只忙著應付各種行政庶務和報告，需要對自己專業領域真正了解。輔導員解決孩童自小家庭不健全的問題，社工員解決社會資源尋找的問題、教育者解決學生學習動機低落的問題、志工負責陪伴孩子與照顧他們的情感。

　第二部分　培養未來人才的教學策略

數位落差 !

　　「數位落差」是 1995 年美國商務部提出的，資訊科技讓生活品質改善、工作也更有效率，學習也能突飛猛進。但是對於資訊相對匱乏的人，可能是因為居住環境、種族、經濟水平、教育水準、階級等差異，而不能獲得同質量的資訊。數位科技的差距，是造成未來升學及職場生活上的機會差距，也造成能力及素養上的差距。

數位落差 2.0

　　紐約時報專欄作家湯馬斯‧佛里曼（Thomas L. Friedman）曾經來台演講提到未來世界不會有數位落差，因為所有人都將被科技彼此連結。然而新冠疫情大大的暴露數位落差的窘態。

　　在中國有國中生因為家裡沒錢買手機上網聽課，因而服用藥物企圖自盡；美國雖然分發平板回家讓孩童上網修課，卻因為有些學生的家中沒有無線網路而無法學習；印度不只網路分配不均，農村只有 4% 的家庭可以使用網路，甚至全國有 7% 的人口是沒有電力可以使用的。

在台灣，雖然城鄉差距比較不明顯，政府給予偏鄉的補助已逐年提升，然而新形態的數位落差也讓城鄉差距造成學習上有極大的落差。清華大學榮譽退休教授彭明輝曾指出：「不管你的聰明與努力程度，可以使用電腦和網路的人將成為未來的贏家。」

有些學生因成長與教育環境有較多的文化刺激、學校活動及課程也相對多元，學生有更多的鼓勵可以透過電腦或手機提升自己的競爭力，例如透過網路學習投資、程式、新知識與新技能。然而，有些孩童因為缺少陪伴與文化刺激，家長可能沒有太多心思花在孩子的教育與引導，若沒有適當的引導，手機可能就成了網路賭博、手遊、社群媒體的使用。

使用手機和網路進行學習的學生與進行玩樂的學生相比，每日的生活習慣就造就了競爭力的極大差距。「根據普林斯頓大學（Princeton University）的研究，你在網路上的活動以及你使用網路的方式決定了你是屬於贏家，或者輸家」（彭明輝，2017）。

⭐ 數位文化資本

所謂的「文化資本」是指透過學校及家庭教育所獲得的資產，包括個人的生活習慣及行為模式、面對困境的態度、藝術品的物質文化財產、及合法認證的頭銜及學位。而「數位文化資本」是指個人經年累月培養出的網路習慣，透過網路習慣而獲得的認

知及非認知想法、以及網路資訊的搜尋及過濾能力。通常低數位文化資本的人都是在社群媒體上找問題的答案，缺乏資訊過濾能力，常被帶風向的跟隨輿論；而高數位文化資本的人通常會透過多方的資訊比對，甚至使用 Google Scholar 來驗證事情的真偽，連維基百科都只是參考用。

2009 年的國際學生能力評量計畫（Programme for International Student Assessment，簡稱 PISA）調查報告指出，經濟高度發展的國家，低收入家庭學生比高收入家庭學生更常使用圖書館的網路資源，然而在經濟落後的國家，結果是相反的（高收入家庭學生更常使用圖書館網路資源）。

根據 **圖7-1**，關於台灣偏鄉與非偏鄉的網路使用差異，台灣網路資訊中心的調查報告指出偏鄉使用網路唯有在「瀏覽使用社群網站」高於非偏鄉民眾，其他都比非偏鄉民眾低，甚至在「理財」、「電郵、搜尋」、「閱讀電子書」、「工作／業務需求」、「使用行動支付」「瀏覽／觀看新聞資訊」是差距兩位數百分比，其中「線上學習」也差距 7 個百分比。

此份調查顯示出台灣的網路資源使用情形較傾向經濟低度發展國家，然而台灣的經濟力量其實是與歐洲國家相近的（GDP 總額全球排名第 20 名，與瑞典相近；人均 GDP 排名全球第 28 名，與德國相近），經濟實力其實不低。因此偏鄉與非偏鄉的數位落差可說是數位文化資本造成的，從城鄉教育的落差、高程度師資

外流、高社經地位家庭多住在北部、大型產業多設在北部，進而造成對於教育文化上著重程度的落差，都是「數位落差 2.0」現象的大問題。

圖7-1 台灣偏鄉與非偏鄉的網路使用差異

解藥

善用網路資源，
進行「陪伴」與「引導」

近幾年興起的線上課程，主要分為以下三大類別：

① **學術類磨課師課程**：這一類的課程主要是由各大學的教授開授的，例 edX、Coursera、Udacity、TaiwanMOOC，有各式各樣的東西方學校著名大學的課程，例如 Coursera 平台就有史丹佛大學、普林斯頓大學、台灣大學、北京大學的老師開課，edX 有麻省理工學院及哈佛大學的老師開課，上述的課程有些免費、有些酌收費用，也有提供獎學金；而台灣磨課師幾乎都不需要費用。

② **資訊工程類課程**：這一類的課程是由科技公司或頂尖程式設計師所開課，包括蘋果開放的 Apple Developer Site、Google 開放的數位學程、亞馬遜實戰班（天地人學堂）、微軟的線上培訓課程、還有完全免費的網頁及 app 設計（Hack Design）。科技公司重視實戰經驗及自

學，若學生能夠透過這一類的課程線上自學，在歐美外商公司來看，甚至比一般大學學歷更有價值。

③ **綜合性課程**：這一類的課程偏向學校或公司沒開的課程，教師多是一般商場的業師，若非要在學術機構或科技公司發展的，為了興趣、創業能力和跟隨時代腳步的趨勢，這一類課程是絕佳的選擇，包括偏程式設計的 Udemy、主打「學校沒教的事」的募資課程 Hahow 好學校、各類英語內容的可汗學院（Khan Academy）、適合中小學的教育學習平台「均一教育平台。」

　　這些課一堂整學期的課均價大約 50 元美金（約 $1400 台幣），還可以拿證書，遑論許多免費的課可以上。有了磨課師的線上課程，極少的花費就能修到大師級的課程，例如 MIT 教授開設的 Python 程式語言課程，只需要 $135 元美金，約 $3800 元台幣。

　　過去要學習 JaveScript 程式設計，可能需要利用假日到台北資策會報名參加課程，對於非北部的學生，極為不便。現在 Hahow 好學校的課程只需要不到 $2000 元台幣。

　　科技無遠弗屆，然而偏鄉資源與師資的匱乏，或者有些家庭可能沒有多餘的費用讓孩子上這些課程，這些問題依舊導致多數的偏鄉孩子無法與都會孩子競爭。

不同的學校教育與家庭教養

台大社會系教授藍佩嘉花了 8 年撰寫了《拚教養：全球化、親職焦慮與不平等童年》，分析台灣的家庭和教育的現況，歸納出 4 種不同類型的家庭教養風格 **圖7-2**。

① **第一象限（右上）**：此類家庭為中上階層家庭，年收約 200 萬元以上，著重培養孩子成為狼性的競爭者，追求西方的獨立自主的外語及國際化學習，高中以下都是在一般俗稱的「貴族學校」就學，成年後是送往國外大學就讀。家庭賦予此象限的孩子要成為「人中之龍」，未來可以創立或接掌企業、在大公司擔任高管、或者有極高的社會地位。

② **第二象限（左上）**：此類家庭同為中產或中上階層家庭，年薪略少於第一象限，對於孩子的「自然成長」及「品行教養」格外重視，這類父母尊重孩子的發展、重視文化資本、厭惡強迫學習及威權文化，因此常常安排孩子到國內的實驗學校。在這象限的孩子多在體制外教育環境下成長，對社會各個議題有著獨立思考和創見，但也常有回不了體制內學校的問題，而在經濟許可之下選擇出國就學。

③ **第三象限（左下）**：此類家庭是社會底層的勞工階級，他們工時長、薪資低，孩子甚至留在鄉下給長輩帶，自己則留在都市打工，有時甚至也無法寄錢回老家給長輩和小孩。此象限的孩子通常在隔代教養下成長，缺乏文化刺激及家庭陪伴；多數孩子就讀偏鄉學校，有可能校內教師比學生人數還要多。此象限的父母唯一的希望是孩子平安長大，成績中等，畢業有份養家餬口的工作。多數偏鄉及弱勢孩童屬於這類象限。

④ **第四象限（右下）**：此象限是是中產勞工階級，這類家庭努力的生活在城市的蛋白區，將孩子的學習及教養外包給公立學校和市場補習班，這類父母認為學校成績最重要，相信考試制度可以讓孩子較有高薪工作的機會（例如成為律師或醫生）；父母有時會請假擔任學校志工，或參與學校課程規劃，但也常成為「直升機父母」，讓孩子成為「媽寶」，父母對孩子的期許就是考上好大學，畢業好找份穩定且高薪工作。大部分的都市家庭屬於這個象限。

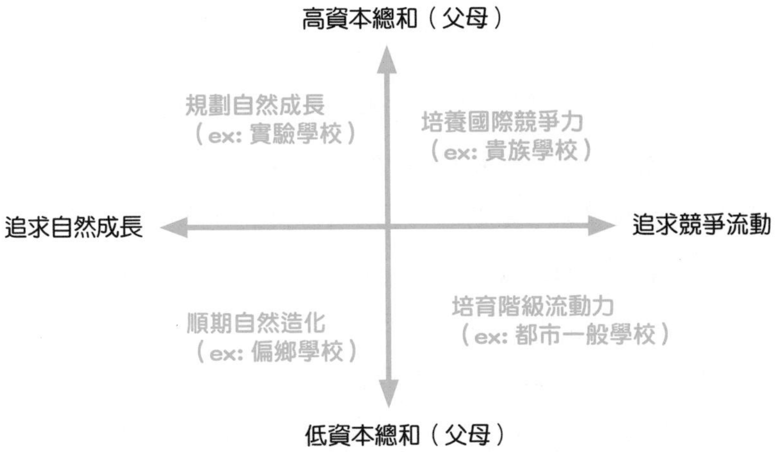
高資本總和（父母）
規劃自然成長
（ex: 實驗學校）
培養國際競爭力
（ex: 貴族學校）
追求自然成長
追求競爭流動
順期自然造化
（ex: 偏鄉學校）
培育階級流動力
（ex: 都市一般學校）
低資本總和（父母）

圖7-2 階級化的教養

在階級化教養的情況下，城鄉差距有解方嗎？

圖表出處 藍佩嘉，《拚教養：全球化、親職焦慮與不平等童年》，春山出版。

陪伴與引導是解決偏鄉與弱勢孩童學習的關鍵

政府漸漸重視偏鄉與弱勢孩童的議題，也提供較多的補助給這些學校和孩童。然而最迫在眉睫的不是設備、硬體建設、圖書等這些外顯的補助，而是對弱勢有熱情的人才。偏鄉需要懂得自學和跨域方法的教師，跟隨最新的趨勢不斷的學習，將都市和國際最新潮流的新知帶給學生，精進自己的教學方法。除了傳遞知識，也要帶領孩子觀察在地議題、透過探索和思考，討論出解決

辦法。在這過程中，學習的方法遠比學習的知識重要。

除了引導學生學習以外，這裡的教師還需要有陪伴的技巧，因為有些偏鄉或弱勢的孩子有家庭問題，教師是孩子成長的心靈導師及學習的典範，這裡的孩子需要感受到有個靠山與他們同在，不管遇到再多的困難，都有個避風港讓他們歇息和重新出發。偏鄉與弱勢孩童需要這樣的老師，才能引導他們透過興趣與自學，在磨課師平台裡找到自己的學習方向。

學生需要知道如何訂定學習目標，懂得觀察自己的學習過程（是否專注）、了解自己的認知程度（是否了解學習內容）、懂得尋求問題解決（與線上學習者溝通和討論）、並且為自己的學習評分（自評學習過程）。「陪伴」與「引導」是解決弱勢與偏鄉孩童學習上的關鍵，家長與老師可以互相配合，教導學生學習方法，讓學生善用網路資源自學。

當然高程度的教師人才非常重要，我建議政府與其經費補助偏鄉硬體設備，不如提高獎金和薪資，讓人才願意移居偏鄉。不只在教師專業發展上提供高額補助、還要為教師的居家搬遷及薪資有適當安排，如此才能真正解決城鄉數位落差的問題。

推薦學習資源

推薦書一

《研究生完全求生手冊：方法、秘訣、潛規則》

彭明輝著，聯經出版公司（2017）。

　　清大退休教授彭明輝將這一本寫作聚焦在碩博士生的基本能力以及追求知識的真正意義。他將研究生需要的文獻回顧、資料收集與分析、思辯與論證緊扣著知識經濟。書裡有一個章節特別提到新形態的數位落差，若沒有養成每日的好習慣中，站在他人的智慧（例如網路、專家等）來發想創意，而是讓時間在成癮的社群或遊戲中流失，魯蛇（loser）與溫拿（winner）的競爭力差距會越拉越大。

推薦書二

《拚教養：全球化、親職焦慮與不平等童年》

藍佩嘉著，春山出版（2019）。

　　台大社會系藍教授透過田野調查，訪談 4 間不一樣形態的學校以及 60 個不同的家庭，歸納出 4 種家庭教養的類型。讀者可以從中了解每樣形態都有其形成的原因，且都有其困境及問題。當代家長歷經上一代的傳統教養，面對不確定的未來，還是試圖的保護下一代，也能從中看到每個家長的焦慮及煩惱。

【重點回顧】

- 大數據證明搬到大城市對於孩子未來的收入及職業有顯著的影響，但如果政府可以在專業師資上的提升，透過線上課程及教師引導及陪伴，數位落差是可以解決的。

- 使用手機或網路進行學習的學生與用來玩樂的學生相比，在每日的習慣中，造就了極大的競爭力差距，這就是「新形態的數位落差」。

- 「數位文化資本」是指透過網路上的搜尋及過濾的能力，學習而來的新知及技能，高數位文化資本的人能夠透過網路做出精準的判斷，低數位文化資本的人只能被帶風向，跟著輿論走。

第二部分 培養未來人才的教學策略

8.

應用題錯了嗎？
高層次思考
怎麼教？

許多人對 108 課綱有個美好的願景，
但家長覺得孩子壓力太大，
想回到過去的傳統教法，有可能嗎？

【新課綱提問】

【故事劇場】

　　鄰居是一對在科技公司上班的 A 夫婦，平日晚上會到健身房運動，假日重視與孩子的家庭相處時光。他們有兩個小孩，女兒小學六年級，兒子小學四年級。

　　我們曾經聊到 108 課綱，A 媽媽表示：「別再提 108 課綱了，現在學校都給學生很難的題目，跟我們那個年代的應用題、活用題很像。而且考卷滿滿兩頁都是這種類型的題目，孩子的壓力超大。」

　　「數學應用題光看懂語意就要花很長的時間，有些數學題目甚至我也看不太懂。」A 爸爸跟著附和。

　　「我姪女在鄉下地方的學校，都不會有這些新課綱題目，考題很簡單，跟過去一樣，我實在有點想把孩子轉到鄉下學校。」A 媽媽有點小抱怨地說著。

　　第二部分　　培養未來人才的教學策略

教育目標 **!**

故事裡的家長想要「回到過去的學習法。」表面上看起來並沒有錯，但若從「未來十年內，有高達八成以上的工作現在是不存在的」這樣的觀點來看，似乎傳統的教學與考試方法是有大問題的。以下我們透過「布魯姆分類法」來檢視這個問題。

布魯姆教育目標分類法

布魯姆分類法（Bloom's Taxonomy）是根據認知領域的教學目標來分類的六個層次（如 圖8-1 ）。傳統講授式教學都是教師鑽研某個學科多年後，吸收與萃取後的精華教導給學生，而學生在課堂學習之後（記憶），透過很多習題練習（理解），最後在考試中（應用），這過程中操作的大多還是處在初階認知階段。

學生在國小到高中階段都是接受這樣的考試導向訓練，在分類法中稱為「初階認知」的低層次思考，做的習題是從是非題、選擇題、到多選題。

到了大學之後開始面對申論題，需要的不只是理解文意，還需要分析思辨、評鑑比較、甚至融合所有的知識後，創作屬於自

己的核心價值，這段過程稱為「高階認知」的高層次思考。

　　而 108 課綱強調學生需要學習高層次思考，知識本身不是重點，如何分析思考知識，創造屬於自己的概念才是最重要的。

　　這樣聽起來，故事劇場中的那對父母的想法是否還停留在傳統的階段，不理解高階認知的重要性呢？其實不然。

圖8-1 布魯姆分類法（**Anderson & Sosniak, 1994**）

⭐ 高層次思考錯了嗎？

　　故事裡的父母認為小孩應該去念鄉下小學，避免被高難度的考題荼毒，我認為這個觀點某種程度上是合理的。為什麼呢？因為國小孩童的認知程度無法如大人一樣，知識量不夠多，思考速度可能也無法那麼快，因此無法應用高階認知的考題。如同我小

時候求學階段，每每遇到活用題或問答題，我都備感壓力。30 年前的活用題大概只占整張考卷的 10% ～ 20%，而現在幾乎整份考卷都是活用題，學生和家長當然會手足無措。

　　因此學校老師應該在學生學習知識後，透過記憶式的問答，測試學生是否學習到基礎知識，例如可以詢問學生：

　　「故事中的主角是誰？」

　　「他為什麼要出城？」

　　「出城後遇到什麼事？」

　　接著透過適當的引導，讓孩子循序漸進的理解，並且與生活經驗串聯，例如：

　　「你有沒有陪爸媽去市場買過菜？」

　　「有沒有遇過殺價的經驗？」

　　「當時你的感受是如何呢？」

　　「就社會觀點來看，你覺得這樣合適嗎？」

　　接著透過高階認知的問答設計，例如：

　　「這篇文章哪些觀點是你有所質疑的？」

　　「你覺得關鍵概念是什麼？」

　　「這篇文章中會讓你想要改變哪些態度或採取何種行動？」

　　透過這樣循序漸進的課堂活動，也可以邀請孩子上網搜尋補充資訊幫助他們回答高階問題，讓孩子在成人的帶領下從低階到

高階進行思維活動，教師要隨時確定孩子的資料庫是否足夠，還有個別孩子思維效能的差別。

其實問簡單問題比複雜問題還要重要，因為簡單的問題可以讓孩子容易達到成就感，才會有繼續學習的欲望，若一開始就遇到挫折，可能自此中斷學習興趣了。

★ 東西方的文化差異

東西方有明顯的思考差異，最顯著的就是西方重視個人主義，而東方重視集體主義傾向。亞馬遜的創辦人貝佐斯是以說話極度尖酸刻薄著稱，但是他非常重視創意，他鼓勵員工與他辯論，若提出的點子可以說服貝佐斯，他會尊敬這個人，甚至提拔這個人在公司的職位。但如果無法贏過與貝佐斯的辯論，就要忍受他極度尖酸的諷刺和像惡魔般的笑聲。

這若是在東方的某些企業裡，員工提出的點子要由老闆來認可合不合適，甚至要試圖將好的點子說成是老闆的點子。若是老闆自己提出點子，不管是否有錯，表面上都不能得罪老闆、更不能點出其缺點。若真心為公司好，想改變老闆的想法，必須拐彎抹角、旁敲側擊，希望老闆有天能接受。

這是因為東方文化傾向集體主義，希望可以事事以大局為重，優先考量團體和諧。而西方大多重視個人主義，思考邏輯是

聚焦不同的要素，以點出核心問題為主要考量。迥異的東西方文化差異，是因為過去東方推動儒家文化，強調長幼有序、尊卑有別、階級有貴賤之分，而西方是透過對外擴張和征服荒野的獨立精神，強調自由與民主。

東西方文化差異表現在教育現場，就有很不一樣的學習氛圍。在東方文化中，教室桌椅配置通常是排排坐，學生面對講台，老師在講台上講授，台下學生正襟危坐，安靜聆聽老師授課，學生較不會舉手提問，抑或是對老師所說的提出質疑，也因為集體主義的教育體制的關係，有些老師可能為了配合上課進度，也較不會鼓勵學生提問，這也是為什麼台灣學生在課堂上較不會踴躍發問的原因。

而在西方社會的教育現場就與東方有些不同。老師的辦公桌通常是在教室前的角落，也沒有講台。教室前是黑板或投影幕，學生則有各個學習角落，或者是配有一組一組的小組討論桌。這樣的配置在氣氛上已經顯示教師與學生是平等的，學生也被鼓勵多提問、多講話、多討論。

我曾經觀察過美國德州某間雙語學校，教室裡面有四個學習角落，一個是小組討論桌、一個是電腦使用區、一個是圖書閱讀區、一個是教具操作區，老師在小組討論區與一小群學生討論，而其他學生則是一小群的各自做自己的事，有使用電腦找資料、找實體書的資料、或者操作教具進行實驗。

這是一個自學的空間，老師給一個高層次思考題目，學生分組進行資料搜尋、文獻閱讀、手做實驗、以及小組討論 、。

圖8-2 東方教室桌椅擺置

圖8-3 西方教室桌椅擺置

第二部分 培養未來人才的教學策略

當然不是所有美國的教室都如上所說的，但我們依然可以從東西方文化的差異了解到，從教室配置及師生關係中，就顯示教學與學習觀念的不同。某種程度上，東方比較重視教師傳遞知識，而西方比較重視學生自主學習知識。

⭐ 學習金字塔

特別是受中國文化影響的東方，在過去二次世界大戰後，為了超英趕美，很多知識都是由老師專精後再傳遞給學生，追求的是快速與效率，要在最短的時間內學到最多的知識。

然而知識的學習是無法一蹴可幾的，美國緬因州的國家訓練實驗室提出「學習金字塔」理論 圖8-4，在金字塔頂端是指老師講授、學生聽講，這種超英趕美的做法學習效果最低，兩週後學生的記憶裡只保留了 5% 的學習內容。

然而這種方式卻是東方集體主義使用最多的方式，一來學生要展現對老師的尊重，二來老師要自行吸收大量的知識，並大量灌輸給學生。這種聽講的方式其實不如學生自行閱讀。研究結果指出，學生自行閱讀後的知識保留度為 10%。若可以透過影片、圖片和聲音的方式學習，學生的保留度可以達到 20%。換句話說，若讓學生自行上網看影片，或許比老師填鴨式地講授有用得多。

若老師操作實驗給學生看，知識保留度可以達到 30%。很多

被動學習

講授 5% Lecture

閱讀 10% Reading

影音教材 20% Audiovisual

教師示範 30% Demonstration

多媒體教學

主動學習

共同討論 50% Discussion

做中學 75% Practice doing

教導別人 90% Teach others

互動教學

圖8-4 學習金字塔

線上教學影片，重視實作，若讓學生觀看此類的影片，比聆聽教師講授的效果好很多。可見影音示範或實驗操作示範這些「多媒體教學」比填鴨式講授有效多達 25%。

　　然而上面的教師講授、學生自行閱讀、觀看影片或示範都是「被動學習」，若要改善學生學習，需要讓學生進行「主動學習」及「互動教學」，例如讓小組討論開放式問答（50%），讓學生實際操作實驗或演練報告（75%），甚至讓學生互相教學（90%）。

例如，規劃一堂「認識岩石」的課程，老師可以要求學生利用放學或假日在戶外採集石頭，之後再將自己採集到的石頭帶到學校分組討論。學生們撿的石頭或許有很多問題，例如有玻璃瓶的厚碎片、磁磚的小角、人行道上的混泥土，都無法代表真正的石頭。因此老師可以安排田野調查，到學校和家裡附近，挑出真正的石頭，並製作出岩石標本，最後在標本下寫下岩石的種類、用途、以及簡短介紹。最後，也可以讓學生上台展示他們的成果。這樣的課程進行之後，有興趣的學生可能會想了解更多，自行上網查閱抑或是詢問老師，如此便可以增加學習興趣，訓練學生的高層次思考。

實作與課堂分組討論，在學習金字塔裡是屬於主動學習，實作課可以達到 75%，而分組討論可以達到 50%。

因此，老師可以試著讓教學更靈活，讓學生主動學習。

哈佛零點計畫

如何讓上課變得有趣，且學生的學習保留力可以更持久？哈佛零點計畫（Project Zero）是為了幫助學生進行自主學習與獨立思考而研發的。課堂裡的學習常常是「學習如何記住知識」，特別是是在東方文化中，學生需要將老師所說的、課本上的知識全部記起來。在過去知識載體不足，書籍難以取得的年代，的確需要用力記憶與背誦。

然而現今因為網路的便利，知識取得非常方便。在這知識爆炸的時代，「學習如何思考」已經比記住知識重要太多了。為了推動有效的學習，哈佛在 2020 年將所有「思考歷程工具」公布在網路上，供全世界的教師與家長使用。這個網站上公布了各類的思考歷程技巧，包含了 10 種主動學習的認知探索方法，每一種認知方法裡有包含 10 種以上的活動設計細節，超過百項活動設計。

哈佛零點計畫裡的活動設計均屬於布魯姆分類法裡的高層次思考,主要是分析與評鑑的能力(見 圖8-5)。

核心思考(Core thinking routines)
觀點與爭議(Perspectives, controversies & dilemmas)
目標與系統(Objects and systems)
換位思考(Perspective taking)
深入挖掘點子(Digging deeper into ideas)
引導與探究(Introducing and exploring ideas)

潛力與類比(Possibilities & analogies)
藝術探究(With art or objects)
全球思維(Global thinking)
綜合分析(Synthesizing and exploring ideas)

圖8-5 哈佛零點計畫

《讓思考變得可見》一書選擇幾項零點計畫的活動細部說明如何操作、如何設計課程,以及課程教學範例。筆者參考這本書,將其選出的活動、配合認知思維方面,以及適用的教材或主題,整理出下述實作例子,供教師與家長做教學設計參考。

★ 課堂閱讀課程設計例子

若學生回家可以針對教師指派的教科書做預先閱讀,上課時

到課堂上與老師和其他同學討論，學習效果絕對能提升。可以安排學生到課堂上閱讀，例如一篇 8000 字的閱讀，讓學生在課堂上先花 15 分鐘進行快速閱讀，這對於強調 108 課綱閱讀素養的現階段制度，非常有幫助，接著進行零點計畫裡核心思考中「看－想－問」的活動。

教師可以給各組同學一張海報，上面有三大欄位 表8-1 ，讓學生利用便利貼寫在海報上面，並分組上台報告。

表8-1 哈佛零點計畫裡的「看－思－問」活動。

文章中你看到什麼內容？	閱讀完文章後，有什麼文章中沒提到，但你卻想到的相關內容？	你有什麼質疑的點或想提出的問題
See	**Think**	**Wonder**

這只是其中一個活動設計，若搭配其他活動延伸，學生的思考歷程可以變得具象化，且每個活動可幫助學生達到不同的高層次思考，未來學生在大考裡遇到活用的申論題，就不會害怕。在未來的社會中，學生也能將這樣的思考方式套用在各種問題解決上。

推薦學習資源

推薦書 **《無聊的價值》**

珊迪‧曼恩（Sandi Mann）著，林力敏譯，三采出版（2017）。

生活、工作和家庭中充滿各式各樣的無聊，開會、上課、等車、與別人講話、使用電腦都會感覺無聊，此書分析了各種類型的無聊，並說明無聊會造成個人、社會、甚至世界上的災害。此書特別有一章是討論上課的無聊，分析各項教育活動歸納出無聊的指數，並提出一些因應對策，讓生活試圖跳脫無聊，讓生活變得有創意和樂趣。

推薦書 **《讓思考變得可見》**

榮‧理查特等人（Ron Ritchhart, Mark Church, & Karin Morrison）著，伍晴文譯，大家出版（2018）。

此書選取幾項哈佛零點計畫的活動，透過讓思考具象化、且強調獨立思考的價值，是教師帶領課程或家長陪同孩子時絕佳的參考書籍，結合了理論說明、思考歷程的解釋、活動介紹、以及課堂範例，是從事思考活動的人的絕佳使用指引。

【重點回顧】

- 教導孩子時，不能一開始就問高層次問題，需要考量學生的認知程度，透過適當的引導，由記憶式問答開始提問、接著與經驗連結、最後才是高層次的問題設計。

- 相對被動學習而言，主動學習可以讓學生投入學習的過程，不僅不會讓學生覺得學習是無聊的、學習保留度也能提升、學習成效也能提高。實作與課堂分組討論最能降低學習無聊程度。

- 使用哈佛零點計畫，設計高層次思考活動，重視思考歷程而非知識記憶，不怕在大考中遇到活用題目、未來也能套用在各種問題解決上。

第三部分

實踐 AI 時代的
社會參與

9.

素養**怎麼教**？
透過興趣找主題來
跨域自學

108 課綱強調自學和跨域，然而自學常淪為傳統的「自習（看自己想看的書）」，跨域常淪為「形式主義」，只是在學科間硬找關係，到底要如何自學跨域？

【新課綱提問】

144

【故事劇場】

　　大民是我的好朋友，他的孩子小文六歲，非常喜歡騎獨輪車，常常與爸爸在下課後的學校練習。

　　小文從五歲開始，雙輪腳踏車就可以不需要後輔助輪。一開始是因為小文的學校開始教小朋友騎獨輪車，大民發覺小文很有興趣，課後就向學校借一台獨輪車讓小文玩玩看，只見小文扶著欄杆慢慢爬上獨輪車，訓練平衡感。漸漸地，他可以一邊扶著欄杆，一邊練習往前騎和往後騎。接著，他也可以在獨輪車上放手了，這時候的他想要去運動場繞圈騎乘了。

　　然而要到操場騎的時候，必須先練習放手騎乘，一開始小文覺得沒什麼大不了，沒有練習就急著到操場了，結果速度太快打滑，膝蓋著地受傷，一大片瘀青和紅腫，小文痛得大哭。大民來關切的時候，小文說的第一句話是：「我還要騎。」

　　大民邊幫小文到擦藥，邊告訴他練習放手騎乘的訣竅，於是他帶小文看 YouTube 上影片的教學，傷勢還沒完全復原的狀況下，大民帶著小文到學校練習場上扶著欄杆放手騎乘。

　　漸漸地隨著傷勢好轉，他的平衡技巧也成熟了，也可以慢慢的在運動場上開始騎了。之後小文與運動場上的同伴們一起練習，甚至有時候會一起玩鬼抓人的遊戲，對獨輪車也越來越有興趣。

大民想引導小文在獨輪車上發展，開始思考著獨輪車到底除了騎乘和比賽以外，還有什麼其他可以學的知識和技能呢？

第二部分　培養未來人才的教學策略

★ 興趣不該被評量

在過去傳統填鴨教育盛行的年代，獨輪車只會被當成課餘的休閒活動，即使孩子多有興趣，也不會被重點培養，因為家長會認為學校考試不會考、對升學沒有幫助、長大不能靠騎獨輪車賺錢維生也沒學到什麼知識。

這樣的狀態即使到今日也沒有太大的變化，故事中的大民已經算是很開明的家長了，他為了讓孩子持續對獨輪車有興趣，於是自己也去學獨輪車，跟孩子一起練習，還幫他報名獨輪車比賽。

大民向我提到自從報名比賽後，小文對獨輪車的眼神漸漸變成厭惡，甚至討厭練習獨輪車。我向大民解釋，雖然我非常熱衷於打籃球，但若常常要求我考籃球，檢視我的技巧有沒有提升，籃球應該不可能成為我的興趣。

一般上班族的工作常要面臨單位評鑑和個人評鑑，但都是三、四年才一次，如果半年評鑑三次、甚至每週、每天都要評鑑，無論是誰應該都會精神緊繃，厭惡工作吧！

回到學校裡的孩子，他們在學校一學期要考三次段考，加上每週要考的小考，怎麼會有小孩對學校課程有興趣呢？當孩子考

上大學後，一定會厭惡到恨不得把所有的教科書都丟掉，把所有的知識全忘掉，因為這些回憶太痛苦了。

⭐ 學習堅持興趣

　　美國有一間自主學習學校瑟谷學校（Sudbury Vally School），就是讓孩子完全投入在自己的興趣上。瑟谷學校是美國最早的自主學習學校，於 1968 年設立於美國麻州，現在全球有超過 50 間的類似瑟谷模式的學校，強調自由與民主管理，讓孩子自主決定上什麼課程。

　　丹是瑟谷學校的學生，非常喜歡釣魚，他每天到學校唯一的事情就是釣魚，丹的爸爸雖然支持自主學習，但也開始擔心了。於是丹的爸爸到學校來與老師討論，他說：「丹只知道每天釣魚，我擔心他長大以後，什麼都不會。」

　　老師說：「丹其實會的事情很多，他比誰更懂得魚，從魚的種類、棲息地、生理和行為，且丹對於釣竿的種類、如何使用、魚餌的配置，都是專家。或許丹會成為一個出色的漁夫。」

　　丹的爸爸看起來有點坐立不安，他不是勢利眼，可是對於丹長大要當漁夫這件事情，似乎還是有點排斥。老師繼續說：「丹懂得自由選擇興趣，並且堅持興趣，最重要的是他是學校最快樂的孩子，看到任何人都是微笑，學校每個人都非常喜歡丹。」

丹的爸爸被說服了，放手讓丹繼續釣魚，丹 15 歲之後，突然不再釣魚了，他愛上電腦，開始鑽研維修電腦，17 歲時，他與朋友一起開了一間電腦維修公司，18 歲時，他從瑟谷學校畢業，到大學讀資訊科技，四年大學的學費都是自己從公司賺來的錢。

　　丹把對釣魚堅持的態度用在每一件他有興趣的事情上，他盡可能去嘗試和體驗，把釣魚這件事情發展到極致，當他在這興趣學到自己設定的目標後，他發現其他有趣的事情，持續以堅持和自主設定的目標前進，因為他很清楚自己在做什麼。

　　若丹是生活在台灣的話，時間一定會被各種學科和考試填滿，他絕對不會有時間去體會釣魚的感受、了解魚的習性和研究釣竿，頂多只在假日的時候可以把釣魚當成休閒活動。他必須分散注意力到他沒興趣的學科和考試上面，升大學後，他只覺得終於可以擺脫考試壓力，但他應該也不會對釣魚有那麼大的興趣，更無法培養對興趣堅持的態度了。

⭐ 唐鳳改革台灣教育

　　台灣的行政院數位政務委員唐鳳是台灣自學教育法規的重要推手。她小時候是天才兒童，小學一年級已經學習數學和哲學，小二就自學程式，然而她在學校卻被霸凌，甚至轉到資優班也因為過於優秀而被排擠。

　　因為不適應台灣的教學方式，加上爸爸在德國攻讀博士，他們一家人搬到德國。在德國，除了德文以外，唐鳳在任何學科都是超前進度的，小學老師只幫她加強德文。德國非常強調教育孩子應該是家庭的責任，只要孩子在學校有狀況，學校會請家長到學校來，進行三方溝通。

　　因為在德國接受不一樣的教育模式，六年級的唐鳳已經決定回台灣進行教育改革。回到台灣後，她參加科展、撰寫人工智慧程式、參加全國數學競試，也保送上建國中學。然而升高中時，15歲的她到烏來山區的小木屋獨自思考半週後決定放棄高中升學，在家自學，之後她出版自己的刊物、創建社群、參加電競，並且藉由幫公司或個人寫程式到世界各地去換宿。

　　因為她與媽媽李雅卿對教育有創新的想法，他們與一群家長在1994年創立了台灣第一間自主教育實驗學校「種籽親子實驗小學」，之後一起催生了實驗教育條例，實現了她六年級就許下「改變台灣教育」的心願。

建構自學的環境

　　蘇伽特 · 米特拉（Sugata Mitra）是一位英國大學的印度裔教授，他專門教學生寫程式，但總是聽到高社經地位的家長說他們的小孩對寫程式天賦異稟，他非常不認同這個說法，他認為任何人都可以學寫程式，甚至不用教導，他們就會自學了。

　　1999 年他進行一項實驗，在印度貧民窟的牆上挖一個洞，放了一部連接網路的電腦在裡面，用簡單的透明塑膠蓋著以防止破壞。當地的孩子好奇地問他：「這是什麼東西？」

　　蘇伽特說：「我也不知道。」

　　孩子又問：「為什麼它要擺在這裡？」

　　蘇伽特回答：「它就是要擺在這裡。」

　　孩子又問：「那我可以玩嗎？」

　　蘇伽特回答：「當然可以。」

　　當時蘇伽特已經打定主意，這台電腦就捐給這個地方了，頂多只是遭到破壞，被解體了。然而隔天他回到這個地方，驚訝的發現孩子開始會使用滑鼠上網，並且還互相教導其他的孩子上網。接著讓他更震驚的，孩子們開始使用網路學習電腦相關的英文，這英文介面的電腦，孩子們竟然靠著自主學習而會操作了。

　　兩個月後他回來，發現孩子已經開始在電腦上打網路遊戲，甚至跟蘇伽特說他們要更快的處理器和更好的滑鼠，他好奇的問孩子：「你們怎麼學會操作電腦的？」孩子說：「為了打遊戲，

我們不得不學英文和了解電腦設備。」

　　蘇伽特在印度多個地方重複這個實驗，都得到相同的驗證，於是他提出自主學習環境的概念，並且到處推廣自主學習環境的好處。他的「牆中洞」實驗也獲得 2013 年 TED 演講的首獎，且提升貧民區的識字率及教育。

　　自主學習的概念從那時就開始被廣泛運用，不管是印度的牆中洞或是瑟谷的自學環境，都強調這環境的重要性，不過家長和老師可能會疑惑，自學有沒有方法呢？當然是有的。

主題式教學

在美國的瑟谷學校，老師會讓學生做各式各樣的探索，並從中找出自己喜歡的主題，接著會讓學生花大量的時間進行深入研究。在這期間，可以搭配人力資源教育中的工作知能法（KSAA Model），這是企業在徵聘職缺候選人時很常使用的選才框架，如今被用在主題自學當中，非常符合 108 課綱的素養導向。

⭐ 工作知能法（KSAA）

KSAA 模式是指知識（Knowledge）、技術（Skill）、能力（Ability）、和態度（Attitude），當孩子找到他有興趣的主題時，馬上套入 KSAA 模式，發想出主題相關的延伸學習，並訂出最符合興趣和實際效益的目標來學習。舉故事劇場中獨輪車的例子，大民可以小文來發想出 KSAA 框架如下 圖9-1。

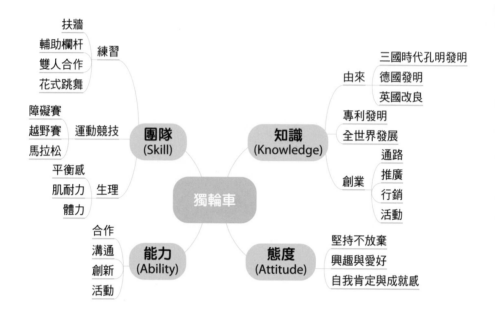

圖9-1 獨輪車的 KSAA 心智圖

知識側重概念的理解，偏理論性而非實務技術。就獨輪車切入，可以從獨輪車發明的歷史開始，這項產品和運動是如何發展和推廣，有哪些專利發明，並了解有哪些公司在銷售這產品，若小文很有興趣，可以進行企業銷售，包括通路、推廣、行銷、活動等內容的了解，並了解這項運動如何影響社會文化，甚至為何在台灣南部比較盛行。

技術是指培訓或動手實踐後的熟練，就獨輪車而言，可以從練習方面切入，包括扶牆訓練、輔助欄杆支撐、雙人合作練習，

若對於競技有興趣，可以了解有哪些獨輪車的比賽項目，若想要試試比賽，該如何練習比賽（不過在小文的例子看起來，可以先不用追求這一項），另外了解在生理上該如何訓練肌耐力和體力，能夠有效的幫助獨輪車這項運動的進步。

能力常常與技術混淆，但其實是有區別的，能力是指一些可以讓任務成功的先天特質、個人特點或團體特色，在獨輪車學習就有練習中需要兩人以上互相幫忙的合作力、良好練習的人際溝通、比賽或創業的創新練習方法和推廣獨輪車的活動舉辦。

態度是指心理層面的學習，例如需要有正向思維和成長型心態，若獨輪車學不好，是因為自己的練習時間不夠或方法錯了，而非自己能力和智力有限。因此在獨輪車的練習，可以培養的態度有對興趣的堅持不懈、自我肯定和自我成就。

目標導向學習法

當 KSAA 框架規劃完成之後，可以與孩子來了解自己最想加強的是哪一部分、或者最有興趣先學習的是哪一部分。假設故事中的小文可能已經跨越上車練習的部分，那就可以進到花式表演──獨輪車跳舞。

花式跳舞是大目標，每日可以做到的是小目標，例如今天要練習上車，並且可以讓輪子離地跳一下，以小文目前已熟練騎運

動場和轉彎的能力，這個小目標應該不難。要騎著獨輪車跳完一首歌聽起來可能很難，但是讓輪子離地跳一下就簡單很多，而且只要做到就等於達到今天的目標了。

　　當達到大目標後，可以再往下一個大目標設定。例如想要知道獨輪車活動的推廣，這時可以設定了解台灣南部推廣的大目標，將訪談獨輪車協會、閱讀相關報導和網站、拜訪活動舉辦單位都可以成為達成此目標的行程安排。

　　若想要學習合作力與溝通力，可以上網進修一些增強合作力與溝通力的課程，例如 MOOCs（磨課師）、募課課程、或者學校沒教的知識等網站，都有很多相關的課程可以進修。

　　KSAA 框架需要做到完成多少目標才算完整學到此項主題呢？孩子與師長一起訂立，若孩子是對技術開始有興趣，師長可以讓孩子初步了解知識、能力和態度上有哪些可以學習，先幫孩子建立這些認知，孩子在學習的過程或許會對其他方面有興趣，或許也會調整目標，或許馬上就結束想換下一個主題，師長要幫助孩子一起拿捏尺度，不要太快換主題，成為半吊子的學習者，保持興趣的新鮮度和堅持學習，但不需要以成為職業選手為目標。

⭐ 自學四模組

　　自學有很多方法，因為動手做、體驗、和閱讀等模式不一樣而有差異，若以華人最愛的「讀書」的話，我推薦山口周在《斜槓時代的高效閱讀法》書中的自學四模組：

① **戰略**：將自己有興趣的主題設目標，可以使用上述 KSAA 框架訂出的主題來進行，例如小文的例子可以訂溝通主題的目標，只需訂出一個概略性的方向即可，像是了解人際溝通的不同面向。

② **輸入**：從書本或其他資訊來源得到資訊，以小文的例子，可以到各個線上平台搜尋溝通的相關課程，如中華開放教育平台有台科大的老師開設的「溝通與表達」的課程，Coursera 上有「Effective communication（有效的溝通）」、「Improving communication skills（提升溝通技巧）」等課程。另外也有非常多人際溝通相關的書籍。

③ **構造化**：將輸入的知識與先備知識或其他資訊來源的知識結合，發展出自己獨特的見解和發現，例如小文可以看完不同的線上課程，融合中西方的人際溝通上的異同，並套用在自己的生活上。

④ **儲存**：將知識存取在一個容易提取的檔案系統中，例如手寫筆記、電子筆記、或是雲端筆記。很多人在執行一個專題的時候，通常是最清楚的，結束後若能做成一支

影片、寫一份報告或做一份簡報，即便事過境遷或淡忘了，只要需要用到的時候拿出來簡單復習一下，所有的知識都回來了，這就是儲存的功用。

推薦學習資源

推薦書

《斜槓時代的高效閱讀法：用乘法讀書法建構跨界知識網，提升自我戰力，拓展成功人生》

山口周著，張婷婷譯，采實文化出版（2018）。

山口周以自身跨域哲學、美術，在國際顧問公司工作、並擔任商業講師的經驗，傳授自學和斜槓的心法，讓學習者可以輕易面對現今資訊爆炸的年代。

推薦書

《用「自主學習」來翻轉教育！沒有課表、沒有分數的瑟谷學校》

丹尼爾・格林伯格著，丁凡譯，橡樹林出版（2016）。

瑟谷學校成立在冷戰時期，思想爆發卻無法解放的 1960 年代，發展自學的環境，使用學生法庭、榮譽制度，強調玩樂比學習重要，是自學學校和自學家庭的教科書。

推薦書

《唐鳳：我所看待的自由與未來》

丘美珍、鄭仲嵐著，親子天下出版（2020）。

本書為讀者解密唐鳳的七種身分（天才兒童、自學少年、程式設計師、創業者、跨性別者、公民黑客、數位政委），她在每個階段歷經的困境，以自身的方式自學，找出她相信的自由的信念。若你對台灣教育體制感到疑惑，這本書肯定是你的首選。

【重點回顧】

- 與孩子一起挖掘興趣，並使用 KSAA 模式發想出與興趣相關的延伸學習，以此訂出符合實際效益的目標來學習。

- 自學四模組分為戰略（設目標）、輸入（獲取資訊）、構造化（發展自己獨特的見解）、儲存（存入檔案系統）

10.

議題導向**怎麼教?** 透過創生 找出偏鄉的優勢

偏鄉的孩子缺乏文化刺激和資源,
也少有像都市一樣各式各樣的人才,
加上青年外移,偏鄉似乎成了孤島。
政府一直提倡找出偏鄉優勢,
難道只是口號而已嗎?

【新課綱提問】

陳森説：「屏東縣萬丹鄉是個説山不山、説海不海的『偏鄉』。」他在這鄉的某間國中擔任教務主任，像這樣未被歸類在偏鄉，拿不到偏鄉補助款的學校，離市區有 40 分鐘路程的國中，只有 6 個班級。

陳森大學時代參加萬丹大專青年服務隊（萬大），服務隊的成員是過去從萬丹鄉到台灣各地念大學的大學生，平常只有暑假寒假才會返鄉聚在一起，學長姊從過去大學 5 成錄取率的 90 年代就有到家貼紅榜的傳統。因為過去考上大學是不容易的事，特別是萬丹這種小鄉鎮。「恭喜王大明金榜題名，錄取ＸＸ大學。」直到今天，鄉里貼紅榜還是萬大暑假的活動之一。

除了貼紅榜以外，參加萬大還有一種光榮感，例如認為自己是鄉里有出息的年輕人；另外還有歸屬感，覺得萬丹凝聚了台灣這些才子青年；最後還有公益使命，覺得自己寒暑假可以返鄉奉獻家鄉。參加過萬大青年的萬丹子弟，即使後來成為學長姐，或者在外地工作，平常還是會透過分區的聚會，在台灣各地舉辦不定期的聚會，讓萬丹子弟在外地也能感受家鄉的溫馨。

　　萬大返鄉服務隊舉辦的營隊通常是三、四天的出隊活動，服務對象是萬丹鄉的國中小，在各校間輪流舉辦，而三、四天只是國中小學生的出隊時間，對於大學生需要花費的時間是長達約一週或更長，因為大學生需要分配任務、設計活動、試跑營隊流程、搭設器材、探勘場地、宣傳招募、經費籌措。當中很多工作任務是大學生在學期中就必須開始準備，包括大地遊戲、團康活動、社區探索、營火晚會、尋寶遊戲、在地關懷。出隊活動從 90 年代持續到今天，但現在面臨到各種因素，大學生漸漸地不願意出來帶隊，過去全盛時有過 50 位小隊輔，如今剩不到 5 位大學生出來帶隊了。

一體適用的教育政策是最大問題

⭐ 蚊子館花費就能救台灣的偏鄉教育了

嚴長壽在《教育應該不一樣》書中提到政府補助大筆資金在地方，但是卻花費大筆經費在建設上，這些硬體建設看起來美輪美奐，卻因為沒有管理和維護的經費，只能漸漸地變為蚊子館。偏鄉的年輕人為了高薪的工作，不斷外流到都會區，嚴長壽強調應該多補助青年返鄉和加薪補助在偏鄉的公務員。已是十年前的書，在今日閱讀起來更顯其批判性，可惜依然喚不動改革風潮。

根據《今周刊》於 2017 年的調查行政院公共工程的資料，發現當時全國有 108 間蚊子館，平均造價是 2.3 億，若加入實地踏查的隱藏數目，約有 500 間以上的蚊子館。這個數字到 2021 年已達到 800 間以上，造價和短期維護費加總為 2610 億元，可讓全國中小學生吃 17 年的營養午餐，可以聘用 38 萬個代理教師。

少子化趨勢下強調小班制的需求，才能真正落實適性教育。偏鄉甚至比都市需要有熱情和有專業的年輕教師，然而教育部常歸咎於教師需要總量管制，因為教師是長期的聘僱關係。

假設一位國小教師的月薪是 5 萬元台幣，年收入為 67.5 萬台幣，教師的工作時間為 40 年，以此來計算，2017 年調查的蚊子

館經費，可以聘用 9600 位專任教師工作 40 年。若加入保險和退休金計算的話，至少也能聘到 6000 位專任教師，絕對能補足教師人力不足的問題，提升台灣教育的軟實力。如此看來，就顯得教育部的「總量管制」説法是有矛盾的。

再者，教育部在制定任何法規和編制都採一體適用，其他方面不説，光是教師編制就造成城鄉差距急速擴大。王政忠的著作《我有一個夢：一場溫柔而堅定的體制內革命》中所舉的例子，國中小一個班級可聘用 1.5 位教師提升到可聘用 1.65 位教師，看似聘用人數增加，然而只是在加大城鄉差距。在都市一個 60 班的學校可增加 9 位教師（0.15 × 60 = 9），但在偏鄉 6 個班級的學校只能增加 0.9 位教師（0.15 × 6 = 0.9），意思就是一個教師都聘不到。

以前我一直在思考一個問題，為何台灣這麼多流浪教師，但偏鄉師資卻很缺乏？原來偏鄉的編制是比照都市，與都市學校比，偏鄉教師的授課時數更高，還要輪流兼任行政職，且偏鄉孩童的家庭有更多隔代教養和經濟弱勢的問題，缺少安親班或非營利組織的資源，導致偏鄉教師不僅心力交瘁、收入較少，甚至要遠離家人，這也造成偏鄉的教職員缺吸引力較低的原因。

★ 為何流浪教師滿街跑？

2021 年 6 月中《親子天下》報導，台灣面臨嚴峻的少子化，有過半的縣市不開正式教師缺，偏鄉地區包括南投、彰化、雲林、屏東、甚至是離島都不開正式缺，屏東甚至近五年都不開國中教師缺。

據教育部統計，目前領有教師證但未能考上正式老師的有 9 萬 1280 人，其中有 24%（2 萬 2331 人）擔任代理教師，22%（2 萬 0251 人）在家拚正式教師缺，台灣國小及國高中的代理教師比例已經到了 14.5%，甚至有獲得 Super 教師獎的代理老師，也一樣無法考上正式教師的荒誕現象。

流浪教師滿街跑，然而卻看到很多偏鄉離島，每年代理老師都四招以上，沒有老師願意來，連江縣更有 14 招，依舊招不到老師。偏鄉招不到老師的主要原因，是因為大部分開的都是代理老師的職缺，也因為超額教師過多，所以正式教師的職缺也寥寥無幾。學校因為少子化可能面臨關閉，老師可能也面臨需要調校的情況。

既然偏鄉缺老師是因為沒有正式缺，正式教師缺開不出來是因為過多超額教師，為何不直接降低偏鄉的師生比，來提升偏鄉正式教師缺呢？教育部統計處 2019 年的數據顯示，以生師比而言，國小偏鄉學校為 5.2 人，明顯低於全國國小之 12.1 人，國、高中偏鄉學校生師比亦是低於全國。這個數字是真的嗎？

都市的教師員額配置竟比鄉下高

陳森主任根據偏鄉真實情況，認為上述教育部統計處的數字，應該是將偏鄉所有學校編制員額全涵蓋進來得到的數字。不論學生多寡，即使超級偏鄉學校只有 6 個學生，全校的基本員額需包括校長、主任、組長、導師還有代理教師等，而將這些員額涵蓋進來後，平均得到的偏鄉學校 5.2 人的數字。事實上，負責學生學習和輔導的還是只有導師。

為因應 108 課綱，教育部在 107 年時公布，國中每班教師員額從原本的 2 人，增加到 2.2 人，這是 30 年來首次調高，然而卻是全國一體適用。

教師員額與中央給予地方預算有極大的關係，因為預算是以學生單位計算，而六都的學生人數是偏鄉的好幾倍，核發的經費就相對多，加上教育部教師員額規定每班置教師 2.2 人，每 9 班得增置教師一人。偏鄉沒有增班的問題，只有減班的問題。也因此六都教師員額竟然可以到達一班配置 2.5 位教師，等於都市的教師員額比偏鄉還要高。

陳森提到他所在的非山非海非偏鄉學校，也面臨偏鄉問題，例如班級數逐年減少、50% 的學生是隔代教養或新住民家庭、30% 學生家庭申請低收入戶，他提到之前他待的車城國中，這些狀況更嚴重，約有 80% 都是隔代教養或低收入戶。偏鄉教師要面對這麼多問題，卻只能縮編和擔心超額，偏鄉教育不但沒有受到

重視，反而是最被邊緣化的弱勢。

教務主任的苦楚

新課綱強調素養導向和多元選
修，老師也要終身學習，都市的老師因
為人力充足且有較多的業界和政府的資源，有較
多的時間可以進行課程發展和自我學習。教育部為了提升偏鄉教
育，大量補助經費讓偏鄉教師可以增能，陳森擔任教務主任就是
認為要把握這機會，讓偏鄉教師有機會可以多學習，並且有更多
經費和資源可以使用。

然而偏鄉教師都面臨時間短少、人力不足的問題，根本無法
與都市學校進行同樣的能力提升。陳森常常自己寫計畫、執行計
畫、核銷經費、帶老師北上參加工作坊。他常常忙到假日都在台
北學習，平日晚上還要應付計畫的文書工作。

再者，偏鄉年輕教師分發到當地，都想著五年內要轉到都市
學校，而資深的老師只想著退休，這些新課綱的新學習對他們來
說都是負擔。所以偏鄉的教師狀況常常淪為「有熱情但缺乏經驗、
或是有經驗但缺乏熱情。」陳森常苦笑著說：「我都是一人計畫
辦公室，很高興我能在故鄉服務，但現在大概只剩這個原因繼續
支撐我了。」

⭐ 三百萬請你搬出東京

日本的鄉下小鎮在短短十幾年內，漸漸地變成雜草叢生、人去樓空的景象。當年輕人紛紛外移，小鎮的空屋越來越多。根據數據預測，日本國內將在 30 年後有 6 成的土地是無人區。

日本藝術家綾野月見（Tsukimi Ayano）在 15 年前搬到千葉縣的一座小鎮，將她製作手工娃娃的專業帶入村莊裡，讓手工娃娃到田裡耕作、在學校遊戲和學習、在深山中沉思、在街道上閒晃。十幾年後，鎮上的娃娃竟然比居民還要多，如同鬼城一般。

日本少子化嚴重，已經連續十年人口負成長，然而首都東京卻是人口擁擠、房價攀升。相較於東京圈，其他大城例如名古屋和大阪，已經連續多年外移人口多於遷入人口了。為了緩解人口壓力，日本政府在 2019 年推出補貼 300 萬日幣（約 76 萬台幣）請居民搬出東京。自推出此方案以來，加上 2020 年新冠肺炎，搬出東京的年輕人口數有顯著上升，2020 年搬出的比例比 2019 年上升 12%，遷入的人口也比同期下降 11%。企業也在東京以外的都市漸漸活絡。

這種政府政策補助和鼓勵、年輕人外移、公司也遷出，正是日本政府樂見的，這樣的政策非常值得台灣政府借鏡。

偏鄉政策應向日本學習

　　台灣的偏鄉政策一直以來都是問題重重，就教育來說，除了上面所提到的教師配置比例比照一般都市、不山不海學校無法列入偏鄉、還包括偏鄉教師加給過少、孩子的文化刺激與教育資源缺乏等問題。

　　相對於台灣偏鄉政策的亂象，日本是將偏鄉當成特例在看，偏鄉原本就是弱勢，所以在教師待遇、學生照顧、學校經營方面都是提供雙倍以上的資源。

　　就偏鄉定義上，日本採用點數制度，包括市中心距離、公車數量、郵局和醫院距離、便利商店數量等都可以列入點數制度，點數越多，教師加給就越多，最高可以補助教師 25% 的薪水。

　　就教師配置而言，日本採用的是學生人數越少，教師配置數額越高，且主要科目還能多申請教師名額。例如數學課可以有兩名教師，讓兩名教師共授分工，確保偏鄉孩子的進度與程度；另外難度較高的理科及技術類的術科也增加專門教師。偏鄉更編排更多的行政教師及人員，以分擔行政業務。

　　就制度面而言，偏鄉學校打破僵化學區制度，讓學區外的學生可以就讀，並導入創意和主題式教學，以得天獨厚的自然和生

態吸引外地學生，打造實驗創意教學。日本的琵琶湖的面積是日月潭的 80 倍大，湖泊上的小島有一所沖島國小，學校推出混齡上課，讓學生可以進行「大手牽小手」的合作學習。這裡的老師都極具教學經驗，推出「勇渡琵琶湖」及「沖島大鼓」等傳統文化結合自然環境。也有一些日本的離島學校，例如新潟縣粟島小學推出「留學制度」，學費含住宿、三餐，一個月不到台幣一萬元，發展各種運動競技課程，像是馬術、球類運動，喜愛體制外學校和創新教學的家長，紛紛將孩子送到國內離島「留學」。

讓台灣的偏鄉種苗發光發熱

台灣也有滿懷熱情和理想的追夢者，鄭漢文以第一名畢業於校長儲訓班，卻自願前往蘭嶼，擔任極偏鄉學校的校長。鄭校長之後調到台東新興國小，當地有九成是排灣族，因為偏鄉工作機會少，父母大多外出工作，為了孩子的教育，他創造工作機會，試圖解決當地的家庭問題。他利用學校圖書館成立「原愛木工坊」，讓原住民用漂流木製作家具。他也向政府申請東發基金，把人才留在部落，也帶領孩童推動老人照顧、社區知識調查、傳統智慧傳承、社區產業推廣。有了產品、有了收入，家長能回到部落，在孩子的成長過程中家長也比較不會因為工作而缺席。

鄭校長相信：「教育孩子，需要全村人的力量。」他為了做教育，把學校當作中心進行社區發展，同時也讓孩子從中了解，並不是偏鄉就是弱勢或是無法國際化，而是要從社區的多元文化了解開始做起，了解原住民的歷史和文化、進而思考如何把在地的優勢發揚出去，提高能見度。

　　鄭校長帶領的孩子透過網路課程進行自學，並且在混齡的環境中，年紀大的帶領和教導年紀小的，相互合作學習，鄭校長心中想像的教育似乎慢慢地浮現出來。其實台灣的偏鄉是有機會可以和日本一樣，發展創新學習學校，「島內留學」、「島內移民」等制度結合「跨域自學」、「地方創生」都有可能將台灣的教育推往 AI 時代的創新人才培養。

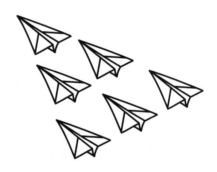

　　第三部分　實踐 AI 時代的社會參與

解藥

議題導向地方創生

　　很多爸媽捨不得孩子吃苦，總要他們好好念書，而有些偏鄉最不缺的就是吃苦的環境，這些劣勢就是幾個重要因子的缺乏，例如資金、人才、科技、文化刺激、開放思想等，都市生活的物質文明推著偏鄉也要跟著變動，為了要使成績不致落後、新科技的追趕、及應付多元學習的升學制度，偏鄉父母會送孩子去補習班，然而偏鄉的工作原本就稀缺和低薪，為了能繳交各種補習費，家長被逼著要到外地打工，孩子給年邁的長輩帶，家庭缺乏親子陪伴成了常態。因為平日生活中父母的缺席，讓孩子缺乏安全感和信任感，導致未來生活或升學過程中，自我認同和自我肯定的匱乏，如此惡性循環，讓偏鄉孩子一直很難翻身。

　　我曾深入探討過偏鄉和弱勢孩童的問題，發現到有少數孩子能意識到「越匱乏越能激發鬥志」。曾經看過一位住在安置機構的女孩，她了解到自己成長環境的問題，比其他同儕更奮發學

習，只為脫離自己的劣勢環境。她努力地考上高醫大，畢業後又考上台大研究所。我曾問她：「是什麼讓妳有想要努力學習的動機？」她回答：「是陪伴與關懷。」有一位社工姊姊每週都會來關心她，給她加油打氣。是這樣的「陪伴」讓她有信任感和安全感，往自己的目標前進。

然而大部分的偏鄉孩子還是被劣勢環境擊倒，要幫助這些孩子，唯有提高他們的受挫力，將其轉化成努力學習的動力，透過「陪伴」與「提升受挫力」讓孩子了解學習的可貴，最有名的例子就是台東的陳爸書屋。陳朗俊在 16 年前看到兒子的同學因為平日都餓肚子，難得有一次可以多吃，竟吃到吐出來。他化身成為陳爸，跟這些弱勢孩子說：「有我在的一天，你們不用再餓肚子了。」

陳爸當初帶了 500 萬存款到台東，從一畝田一間書屋開始，幾年下來花到只剩下 47 塊錢。承受巨大的壓力，也一度懷疑到底自己的堅持是不是對的。直到社會漸漸看到陳爸的堅持，物資和金援讓陳爸書屋在台東有 9 個據點，照顧了 14 個社區和 350 個孩子。

書屋的孩子最有名的就是單車環島，從訓練孩子的體力，需要通過 100 公里、半島的訓練，才有資格

環島。他們也做過獨木舟環島，這比腳踏車的困難度更高，因為孩子要自己存錢、自己造獨木舟，並從游泳開始訓練，需要可以游超過 2 公里才有資格。

在這過程中，陳爸非常重視「陪伴」，這項重大的元素比物資、金錢、硬體、設備等強太多，透過學習和體驗的「陪伴」，陳爸照顧了後山超過 300 個貧窮孩子。

⭐ 體驗學習的反思活動

體驗學習之後最重要的是透過反思活動，省思自己的學習經驗，並作為未來的行動計畫，成為最佳的非認知學習（如恆毅力、自信心、自制力、主動學習）。格雷厄姆·吉比斯（Graham Gibbs）在 1988 年提出的六階段反思循環理論（The Reflection Cycle）是絕佳的反思活動。以下「單車環島」這個活動作為例子，進行六階段反思：

① **描述**（Description）：「環島過程中，發生什麼讓你印象最深刻的事？」讓孩子彼此聆聽和述說，分別將最有印象的事情表達和記錄下來。

② **感受**（Feelings）：「發生事情的當下，你有什麼感受？」讓孩子記錄下當下的感受，是悲傷、難過、害怕、憤怒、感動或是其他。

③ **檢視（Evaluation）：**「你覺得這樣的經驗是有哪些好處和哪些壞處，為什麼？」讓孩子自我評估這樣的經驗可以為自己帶來哪些正面或負面的想法，這是在自己生命中發生格外有意義的事。

④ **分析（Analysis）：**「你覺得社會價值怎麼看待你？你自己如何看待自己？」透過社會價值的眼光和自己的眼光看待事情的發生，不用擔心對錯，只需要自己理性和感性的分析。

⑤ **結論（Conclusion）：**「對於這次的經驗，我整理出什麼結論或學習到什麼功課？用一句話說出來。」整理出勉勵自己的學習重點，記錄下來，未來可以不斷的提醒自己。

⑥ **行動計畫（Action Plan）：**「如果重來一次，我會如何做？」培養孩子正確價值觀，在社會和自己看待自我的平衡點下，未來若再遇到一樣的事情，可以做出最佳的應對方式。

議題導向設計思考

當孩子的受挫力提升，接下來就是帶孩子看到生活環境的問題，這必須要經驗豐富的成人來引導，因為孩子長久以來生活在

資源匱乏的環境中，他們對這樣的環境已經習以為常，看不出其中的問題。

　　教師可以使用設計思考的概念，找出在地議題，發想問題解決的模式，帶領孩子將地方弱勢轉化為優勢，創造學習經驗。以「搶救蚊子館」為例，各地政府因為選舉，花了大筆經費興建地方活動場館，但是因為缺乏維護費、管理費、人事費的編列，導致很多場館在幾年後就變成蚊子館，這些蚊子館在偏鄉地方更為明顯，因為地方政府要選舉，所以實質的大興土木建設是最能吸睛的。

　　面對這樣的劣勢，教師們可以如此操作：

① **同理**：帶領學生閱讀文獻，先上網搜尋是否有居家附近閒置的蚊子館，了解當初建設的規劃。實際走訪蚊子館，了解真正使用狀況，最常使用的就是 AEIOU 觀察法，了解蚊子館發生的活動（Activity）、事發地點（Environment）、人們的互動（Interaction）、人與物品的關聯（Object）、使用者需求（User）、甚至可以進一步了解人們的情緒（Emotion），真正同理場域裡人們的感受。

② **定義**：讓學生將觀察表帶回教室討論，可以先歸納使用者的需求、想像使用者的目標、思考使用者的動機、了解實際場域的現況。這個步驟最常使用的是史丹佛 PoV

（Point of View），以「使用者因為什麼『觀點』，而想獲得什麼『需求』？」、「使用者因為什麼『動機』，想要『何事』才能滿足『需求』？」。學生定義問題的例子有如：「使用者因為『需要休閒而到場館附近走動』，想獲得『場館的維護與管理，才會持續想到附近活動』」、「使用者因為想要『在自己的家鄉陪伴家人』，想要『在地工作機會』才能滿足『不用到外地工作』」。

③ **發想：** 學生可以帶著定義的問題，再次回到場域（蚊子館）附近訪談居民，將訪談資料做歸納，使用腦力激盪會議，請學生發想關於蚊子館再利用的創意構想，要求學生在 5 分鐘內想出 30 個想法，越瘋狂越好，讓學生寫在便利貼上。之後將這些想法分成（A）與問題相符的構想、（B）令人興奮的構想（C）範疇之外的構想。

④ **製作原型：** 帶領學生使用手邊可用的材料，例如厚紙板、黏土、木片、積木、分鏡圖、簡報、影片、3D 列印、動畫設計、或 APP（後三者是比較需要大量的時間和技術來製作）來製作模型或規劃草圖。以「蚊子館」為例，可以畫出想像中的分鏡圖，規劃一個「青銀共學的教室空間」，讓偏鄉的孩子有個共學的場所，由退休人員來管理，並補貼少許管理費；也可設置無人商店的文創商品販賣，使用 APP 偵測顧客的各樣購買行為，也可偵測

其是否有竊盜行為。

⑤ **測試：**邀請在場域活動的使用者到場使用開發的原型，獲取他們的使用回饋，進一步的做改善或進入製造。可以使用反饋彙整方塊如下 圖10-1，了解使用者針對原型使用的「喜歡」、「願望」、「問題」、和「構想」的部分。

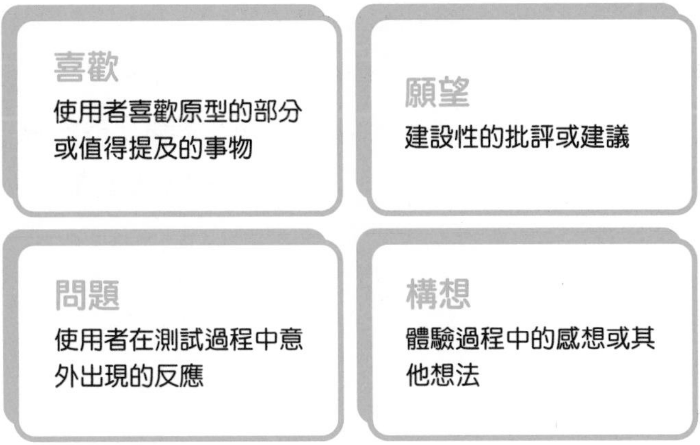

喜歡
使用者喜歡原型的部分
或值得提及的事物

願望
建設性的批評或建議

問題
使用者在測試過程中意
外出現的反應

構想
體驗過程中的感想或其
他想法

圖10-1 反饋彙整方塊

推薦學習資源

推薦書

《我有一個夢：一場溫柔而堅定的體制內革命》

王政忠著，天下文化出版（2017）。

　　台灣唯一的 Super 教師獎、Power 教師獎、師鐸獎三冠得主王政忠，因為 921 大地震後學生的一句：「老師，你會不會回來？」堅定的留在南投最貧窮的偏鄉學校進行學生中心學習。書裡點出偏鄉學校關於學生和文化的弱勢，政府的忽視，並點出需要由下而上的翻轉政策、翻轉教學。2015 年發起「夢的 N 次方」教學夢工坊，開啟了由下而上的教育改革。非常值得對偏鄉教育及學生中心學習有興趣的老師和家長閱讀。

推薦書

《台灣教育的另一片天空：20 年民間實驗教育的里程碑》

果哲著，大塊文化出版（2016）。

　　這是一本集合台灣實驗教育及非學校教育的書，包含了自學導向、學生中心學習、偏鄉在地特色、非學科學習、弱勢輔導等案例及創新教學法。閱讀後會讓人覺得只要台灣政府正視這些人的努力，給予多一些資源，多一些對教育有熱忱的教育者投入，其實台灣的教育是有希望的。

【重點回顧】

● 一年蚊子館的經費可以負擔 6000 位專任教師，然而政府將經費投在看得到的硬體，忽視看不到的軟體，加上一體適用的教育政策，包括聘用教師制度都是城鄉一致標準，導致台灣的偏鄉教育永遠是最被忽略的一塊。

● 偏鄉的優勢就是受挫力的訓練，但是需要「陪伴」，這是最重要的因子。台東的陳爸書屋是著名的例子，他發展單車及獨木舟環島，透過體驗學習讓孩子提升受挫力。

● 體驗學習可搭配六階段反思循環理論來提升非認知能力，包括描述、感受、檢視、分析、結論、及行動計畫。

● 透過設計思考，帶孩子看到在地困境，發想問題解決方式，可使用設計思考五步驟：同理、定義、發想、製作原型、測試。

11.

教育的進化

民主教育是什麼？是教民主價值嗎？
還是教校內民主呢？
歐美強調的民主教育也是現在 108 課綱強調
的，但民主教育談起來總是不明確，
到底民主教育應該怎麼教？

【新課綱提問】

【故事劇場】

記得我在美國念研究所時，公寓旁邊有間公立國中，學生每天早上 8 點半到學校，第一件事情就是繞著社區跑一圈，不管下雪、大太陽、下小雨的氣候，都是這樣跑步，大概只有暴風雨的天氣才會停止吧！

國中生大概 9 點開始上課，12 點是午餐時間，下午 1 點到 2 點再上一堂課，接著就是下午 2 點的球類運動，3 點準時放學。3 點下課後，這些國中生就跟我們這些「叔叔」打球到下午 5 點多，接著就回家吃飯。他們沒有太多功課，因為學校多是小組合作的小專題，所以回家多是閱讀和主題式探究的作業，因此學生大部分是回家做主題的資料查詢與閱讀，課堂上再進行討論，並規劃小組報告和成果展演。

國中生每天的學習（學科和知識）大約只有 4 個小時，當時的我就想著：「難怪他們的算術能力這麼差。」但是心裡又有疑問，「不對啊！學習這麼少的國家，為何會是世界第一強國呢？」以前的我不懂，一直心存懷疑。美國國中老師很擅長安排作業，帶領學生籌劃成果展，讓學生有小組表現的舞台。

「這些老師有在教課嗎？他們的知識量夠嗎？」受台式教育的我，在那個時候還是想不通。

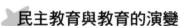

教育的進化 !

民主教育與教育的演變

　　2005 年柏林舉辦世界民主教育會議，會議參加者認為的民主教育是：「在任何教育情況下，年輕人有權去決定如何學、何時學、學什麼、在何處學、跟誰學習。以及在他們的組織特別是他們的學校，在必要做任何規則和限制的情況下，享有同等的決定權。」

　　學校教育是為了因應 18 世紀，最早的工業革命而產生的。因為識字和技術的需求，教育可以補足大量工業生產所需的員工，也因此傳遞知識和技術、及考試測試純熟度就成為主要訓練方向，精準的數學運算和正確答案是提升產品良率的指標，員工被期待不要有太多想法，教育成為一種意識型態的灌輸。兩百多年過去了，工業革命漸漸從蒸氣時代、進入資訊時代、到人工智慧時代，現在的孩子面臨的世界，問題已經比過去爆量幾千萬倍了。

　　傳統教育下的學生，只要考好成績、上好大學，就能找到穩定工作做一輩子，現在的孩子即使努力達到這些門檻，也無法有好的工作、經濟來源也變得不穩定。然而我們的教育卻沒有太大

的改變，除了黑板換成電子白板、書本變成電子書、教室加裝冷氣外，一樣是老師在講台授課、學生在台下聽講，用考試篩選學生，只是多了更多的學習履歷和學科。這樣的孩子要如何用著過去既有的知識來應付未來無法預測的世界呢？

顧遠提出教育型態的轉變（paradigm shift of education）將教育劃分成教育 1.0 至 3.0。不管時代如何轉變，教師的思維若沒有改變，教育型態是不會改變的。

⭐ 教育 1.0：老師是輸出者，學生是接收器

教育 1.0 是傳統的輸入教育，教師將知識做通盤的理解，成為這知識的專家，在教室裡扮演全知全能的知識輸出者，這在 19 和 20 世紀的東方社會更為普遍，因為工業化革命源自於西方，當東方理解到這巨變時，科技水準已經落後西方一大截，因此需要在最短的時間裡，吸收大量知識。過去中國在 50 年代提出「超英趕美」的口號，也是因為如此。

教育 1.0 最大的問題是，學生是被動的接收器，接收的訊息都是教師整理過的精華，學生不知道為何要接收這些訊息，只知道考試會考。這從工業化時代到現在，即使教學科技日新月異，面對的社會已經有巨大的差異，但很多教學現場還是隨處可見這樣的教學模式。

現在因為新冠疫情，很多教學現場都轉移到線上，但是教育方式還是有很大的比例是老師講課、學生聽課。然而，線上課老師更難控制學生是否有在學習和思考。因為教育方式依然跟工業時代差不多，老師教、學生學的二元關係沒有改變過。

⭐ 教育 2.0：老師是指揮家，學生小組合作與探索

教育 2.0 是現在 108 課綱倡導的創新教學型態，讓小孩觀察和探索主題，最常使用的是問題導向或專題導向學習（Problem/Project-based learning，PBL）、探究式學習（Inquiry-based learning）、STEAM 教育。

有別於前一階段的教育，此階段的教育改革強調將學習的主導權還給學生，各種學生中心學習的教學法可以交叉使用，例如 PBL 可以搭配 STEAM，從跨學科探索主題開始，讓學生分組進行討論。強調主題需從生活周遭的議題開始發想，找出議題後，思索如何結合科學（Science）、科技（Technology）、工程（Engineering）、藝術（Art）及數學（Math），製作出可解決生活議題的成品，甚至還可以多結合兩個 R，一個是閱讀（Reading）和寫作（Writing），變成 STREAM。

這個教育型態的學生是一個學習社群，他們共同探索、合作、交流與分享，教學與學習過程要「走出校園、走進社區」，

學習的成果要幫助社會與世界。在這過程當中老師是指揮家，每個學生小組是樂隊，安排演奏曲目的節奏和聲部，讓樂團的演奏達到最盡善盡美的呈現。

教育 3.0：老師是協作者，學生是創造者

教育 3.0 型態中，學生參與課程的決策，決定該學習什麼和如何學習；也參與民主決策，決定民主管理與尊重人權。課程架構和地圖不再是政府和專家訂定，而是學生自主決定應該學習什麼樣的課程。這樣的轉變從過去工業時代教育是為了培養大量的工業技術勞工、到教育成為讓學生認同政府領導的工具，轉變到開發自我的所有可能性。

Aha 社會創新學院提倡「創新催生公民，教育通向自由」強調教育就是為了獲得各種自由，學習的自由、思想的自由、選擇的自由、人生的自由。Aha 學院創辦人顧遠在 2019 說道：「自由是一種權利，一種『我自己可以去選擇什麼值得做、什麼可以做、什麼不該做，以及如何去做』的權利；自由也是一種能力，一種分辨、思考和行動的能力。」

在成長的過程中，學生從探索歷程裡發現問題，並思考要做出一項產品來解決問題，而在這過程中，學生會遇到很多跨領域的問題，例如要做出一個偵測出人體需要補充水分的水壺，來解

決人們少喝水的問題，因此需要數據分析領域的統計學科、人工智慧學科、3D 建模、藝術設計學科、製程作業、環保概念的環境科學或人體相關的健康學科；當完成產品之後，需要銷售、推銷等企劃，需要客服、廣告等文案，需要社群媒體、活動策劃等能力。

這些過程裡，學生已是創業家，需要處理所有跨域的問題，而老師有可能是創業的夥伴或顧問、資源及人脈的連接者、學習內容的創造者。學生自己透過網路、媒體或圖書的自學，備齊所需的知識技能；而老師不再是知識的載體，而是學習的促進者，每個學生都有自己的社群，每個社群都有其興趣、需求、甚至是文化，學生完全成為學習的主宰，而教師只是協助和促進的輔助角色而已，這是一種「社會化學習」型態。

⭐ 帶孩子找尋人生意義

我們的教育不能再複製工業化時代的工人了，我們的學校不該是灌輸知識、練習考試、讓他們考上好大學或找到好工作的地方。

蓋瑞・葛汀（Gary Gutting）在《哲學能做什麼》書中指出，大學教育的目標應該是營造一個知性的文化，成功的教育不是知識傳遞量的多寡，而是點燃學生願意終身學習的熱情。

在美國的設計思考特許學校，一間車廠裡擺著設計思考探討所需的桌椅、白板、彩色筆、和電腦，就可以開始在車庫裡探討在地議題，為地方困境設計教育藍圖，不斷實驗和修改原型，打造自己理想的校園，透過自學跨域，展現自己有能力影響當地小鎮。

課程是以六週或十二週為一期，教師針對在地議題設計長課程，例如高齡社會的困境，來研發改善其困境的主題，一學期就進行兩個主題，學科知識從主題發展出來，例如因應高齡主題，需要有統計學的概念（數學）、社群行銷的概念（語文、歷史、經濟）、科技能力（邏輯、資訊）、及健康照護（技術操作）。

一個學期只操作兩個議題為主軸的長課程，讓學生理解社會面臨的困境，學習是為了解決自身周遭的問題。現今世界有性平、衛生、能源、人權、環保、貧窮等議題，若能夠激發年輕人「天下鮭心」的熱情，一起發出「鮭派氣功」，不僅年輕世代能夠面臨未知的挑戰，社會也能被推動往前。過去的教育系統是給學生鮭魚吃.（知識傳遞）。現今的教育系統該是教學生使用魚竿，自己抓鮭魚吃（自主學習）。未來的教育，該是師生一起出海捕鮭魚、一起經營鮭魚壽司、一起想出創意的鮭魚行銷策略（共創學習社群）。

民主教育學校

　　蘇格蘭的青年作家獎 17 歲得主哈莉特·塔布曼（Harriet Sweatmank）的文章中，充滿對高中生活的痛苦呻吟。文章中提到高中生活被平淡無奇的學科和考試給塞滿，滿到幾乎忘記他們的存在，而渴望找到自我，認識自我的慾望卻不被重視，他覺得美好的青春都浪費了，連對自由的呼吸都被限制；學生們最渴望的是等待鈴聲，走出校門，到校外去拓展視野和找尋成就自己的自由與價值。

　　英國作家德里·韓南（Derry Hannam）在 2000 年曾在民主教育論壇提到學校裡教的人權與民主，這樣的學習與「要求監獄的囚犯閱讀教化宣導摺頁」沒有不同。即使套上冠冕堂皇的世界永續發展目標，這些學習不是讓學生與政府行政機關進行討論或見習，而是關在教室閱讀課本上的文字。

　　國外的民主教育是讓學生參加各種決策，包括學校該教什

　　第三部分　　實踐 AI 時代的社會參與

麼？學生應該怎麼學習？課程應該如何安排？因此會有課程委員會，扮演課程審議或教學政策的考核人員，這些會議裡是讓學生主導，而不是讓學生列席旁聽而已。

除了班會外，還需要有學生會組織，而這些組織是從國高中就開始讓學生主導學校各項事務。甚至在英國的夏山學校（Summerhill School）和美國的瑟谷學校（Sudbury Vally School），這些強調民主價值和自主學習的學校，在國小就開始讓學生有各種決策組織，主導學校的所有行政和經營事務。

因為有了民主、法治、投票等需求，強調民主教育的學校甚至有學生法庭，設有法官及陪審團，處理學生違反校規、班規、或者行為及道德上的爭議事件。還有一些立法機構制訂學校章規，也有監察員擔任調解員或觀察員，處理校園霸凌或專制等案件。

這種讓學生思考自己想要追求什麼樣的未來，設定學習目標，為自己的學習負責，是從整個校園進行全盤思考的，學生也能為自己所作的選擇負責。然而現在 108 課綱強調的明日學生所需要的素養，包括創造力、批判思考、團隊合作、溝通等，全都包在各種學科和考試當中，素養成為只是虛無的口號，甚至是政府拿出來換選票的政績。

為何現在「學校沒教的事」會這麼受關注，因為這些抗壓力、領導力、情商培養、時間管理、認識自我、尋找夢想等主題，才

是學生真正會在社會上用得到的，可悲的是，就像是蘇格蘭青年哈麗特・斯沃特曼（Harriet Sweatman）說的：「羨慕離開學校的人可以拓展自己的視野。」學校已被限縮到像是監獄一樣，連學習都失去自由。

⭐ 無所適從的孩子

　　最近有位焦急如焚的家長來找我，她女兒小英考上後段班科技大學的醫學放射科，她希望我可以幫忙開導小英，讓她可以重考。雖然我答應她可以和小英聊聊，但是還是要尊重小英的決定。和小英聊過之後，我發現小英並不清楚自己為何選擇放射科，即使重考，她也不知道要考什麼學校、什麼科系。也正因為不知道，又怕違背她父母的心願，所以不知所措。

　　這是台灣傳統教育下的孩子會出現的情況，在成長的過程中一直不清楚自己想要什麼。從小學到高中，必修學科填滿了學校生活，放學後繼續補習加強這些學科，只是為了通過考試上大學。直到考上大學的那刻，開始懷疑與困惑，甚至對自己感到陌生，不了解自己有什麼夢想和追求。這樣無所適從的孩子，不管去念大學或重考，都很難找出她未來想走的路。

我最後給小英的建議是停止上學，給自己一年的時間，去打工或旅行都好，這一年裡面需要自給自足，即使去加油站或速食店打工都好，生活費盡量不和父母要，並且固定寫日記，記錄自己的心路歷程。

我相信若小英照著我的建議去做，她終究會知道自己要什麼，不管她有沒有回學校繼續念書，她都會比過往更有目標，即便遭受困難，她還很年輕，隨時可以從零開始。只要找到人生的目標，堅持追求，不管是在社會或在學校學習，都可以走出自我的。

★ 瑞典氣候少女一人之力影響全世界

瑞典環保少女葛蕾塔・童貝里（Greta Thunberg），從小接觸生態及環境教育，理解極端氣候變化導致她這一代需要承擔巨大災害的風險及威脅，她厭惡世界的政客將環保議題及承諾擺在經濟及政治角力之後，大國也不願意為減碳做出承諾。

童貝里 15 歲時就開始為全球暖化議題進行社會運動，在瑞典議會抗議，並號召「為氣候罷課」的抗議活動，短短半年期間有來自世界各地超過 2 萬名學生加入她的罷課行列。16 歲那年她休學，參加國際氣候會議以及各地學生氣候示威活動，甚至前往聯合國氣候會議與各國領導對話。

童貝里從了解全球暖化對地球造成的傷害，到學習各種氣候和環境相關的知識，最後決定為地球推動社會運動，站上世界的街頭、企圖喚醒政客、為地球和環保做出承諾。

　　當學生在課堂上學習環保議題時，童貝里不讓自己受限在校園裡，而是將所學付諸行動，進行一場大部分的人都覺得不可能會有效果的事，因為 99.9% 的學生都會覺得「一個人力量太小」，學生也被教導要乖乖待在學校，努力學習，就像是蘇格蘭青年哈麗特‧斯沃特曼所說的「學校有如監獄」。

　　童貝里成為史上最年輕獲選《時代雜誌》風雲人物，連續三年成為諾貝爾獎被提名者，她甚至推出傳記電影《環保少女：格蕾塔》（I Am Greta），在推特上有 500 萬的追蹤者、鼓舞世界百萬青年走上街頭、以一己之力影響世界各個角落，這樣成功打破學校框架的創建者，是真正實現民主教育的典範。

民主教育該如何進行？

創立於 1583 年，位在英國蘇格蘭的愛丁堡大學提出「智識自主（intellectual autonomy）」，是指用開放和理性的角度去評估任何想法與經驗，我認為足以成為民主教育的面向與方針。

愛丁堡大學的校訓中，提出幾個民主教育的範例，包括「道德與社會責任」、「批判及自我意識」、「自主學習」、「創造力」、「判斷力」。

以童貝里的例子來說，她對於環境與氣候的認識進行大幅度的「自主學習」，思考著如何憑藉個人之力影響大家對於地球的重視，於是她決定到世界進行社會運動（判斷力），串連網路聲量、號召年輕人罷課（創造力），批判政客的錯誤政策（批判及自我意識），最後激發起全人類的道德意識（道德與社會責任）。童貝里為全人類示範了最佳的民主教育。

推薦學習資源

推薦書
《哲學能做什麼：公共議題的哲學論辯與思維練習》
蓋瑞 · 葛汀著，吳妍儀譯，橡實文化出版（2017）。

　　此本書以輕鬆和易懂的口語，打破哲學無用又難懂的既定印象，討論了政治、科學、全球暖化、無神論、資本主義、墮胎、快樂和教育等議題。此篇文章著重此書説明的教育論點，認為大學不該成為資本主義下只提供畢業證書和工作的商品，而是應該塑造「主動學習」的知性文化，激發學生的求知慾，主動研究和學習。本書針對各種議題的探討，也是民主教育的批判、道德及創造的想像，推薦給想深入了解民主教育的教師或官員。

【重點回顧】

- 教育 1.0，老師是輸出者，學生是接收器；
  教育 2.0，老師是指揮家，促進學生的合作與探索；
  教育 3.0，老師是協作者，與學生共同創造與追求自
  由。

- 過去的教育系統是知識傳遞，現今的教育系統該是自
  主學習，未來的教育，該是共創學習社群。

- 愛丁堡大學提出「智識自主」，是指用開放和理性的
  角度去評估任何想法與經驗，包括「道德與社會責
  任」、「批判及自我意識」、「自主學習」、「創造
  力」、「判斷力」。我認為足以成為民主教育的面向
  與方針。

12.

疫情大時代的
教育

疫情流行的新時代，
已經很難回到過去的大班上課方式了，
如何化危機為轉機，
將這視為數位教育與培養自律的新契機呢？

【新課綱提問】

【故事劇場】

　　自 2020 年開始，台灣當了一年半的防疫模範生，連續 8 個月零本土案例之後，在 2021 年 5 月 15 日這一天單日確診數飆破三位數，教育部也在 2021 年 5 月 19 日宣布全台停課，原本預計只停兩週，卻一路停到暑假，繼續延遲到 9 月 1 日才復課。

　　全台正式進入全面遠距教學，過去在台灣一直無法成為主流的線上學習，頓時成為生活的一部分。在這段全台各級學校線上教學的兩個月，老師、家長、學校都有劇烈的調整、學習、和適應，發生衝突在所難免。

　　我曾在線上遠距教學的臉書社群上，看到一位母親的發文。她的貼文中描述老師在上課的時候花了十分鐘在處理網路的問題，一直問：「有聽到嗎？」講課只講了十分鐘，中間一直問孩子：「有沒有問題？」然後就消失，留下錯愕的孩子。之後老師又再度上線，回來跟孩解釋因為稍早處理其他孩子連線問題，所以才閒置了。但是由於處理的時間太長，影響到該堂課的時間，此時又要趕著去上另一堂課，所以便提早下課了。

　　該臉書社群的成員多是擔任老師，其他人便幫忙打圓場，表示有些孩子家裡網路或設備難以預期，有時甚至要打電話去個別指導。有的老師甚至提到，有時為了處理一個小朋友的網路問題，可能要花十幾二十分鐘。也有老師表示：「老師一整天要上三堂

課，不僅要備課、處理自己科技不熟的問題、甚至有些學校還要求錄影、檢查學生有沒有寫作業、評量學習成效，分身乏術，請多多包容。」

在我覺得該社團的包容性很大的時候，腦中瞬間有個念頭，若該社團的組成不是以教師為主，而是以家長為主，情況是否會大不相同？畢竟大部分的家長都是第一次接觸遠距線上教學，也可能預期會看見家長反彈的聲浪。

解讀
問題所在

混亂橋 ！

有一個叫做「混亂橋（The bridge of chaos）」的遊戲，參與成員約五到八人，成員間用繩子互相綁著，面前有一排用椅子搭成的死亡之橋，當小組要穿過橋的時候，他們必須互相扶持，隨時要回頭查看組員是否走好，甚至要給予適時的協助。在遊戲中，其他組的成員會站在橋邊，伸出手當作參與小組的扶手。

死亡之橋到中間會經歷一段混亂的階段，就是用軟墊座椅搭成不平穩的混亂區，這時組長要想辦法穩住陣腳，並且前後（遊戲中的小組）左右（其他小組）互相扶持，才能安然度過這橋。

時代在變遷的時候，都像是經歷這段遊戲一樣，這過程有五個階段（下 圖12-1 ），我們將用這次台灣的五月中開始停課來描述這五階段。

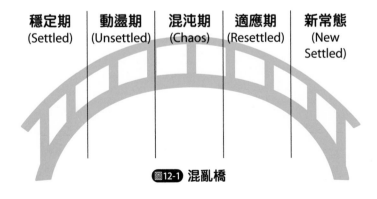

| 穩定期
(Settled) | 動盪期
(Unsettled) | 混沌期
(Chaos) | 適應期
(Resettled) | 新常態
(New
Settled) |

圖12-1 混亂橋

① **穩定期：** 在 2020 年時，全球因為新冠肺炎疫情歷經天翻地覆的改變，但因為台灣一直是相對安全，因此學校單位除了量體溫和戴口罩以外，沒有太大的變化。這段期間是數位落後的階段，因為全世界的線上教育都往前跨越一大步，台灣的線上教育卻沒什麼改變，依然停留在洪荒階段。

② **動盪期：** 2021 年 5 月 19 日開始宣布全台停課不停學的時刻，就是台灣迎來動盪期的時刻。教育部一開始宣布停課兩週，很多老師還在觀望，有些老師宣布放假到結束停課後再補課，也有些老師先出作業、或安排學生自學。有些老師藉此開始同步遠距教學，學生們也開始回報家裡的網路及載具狀況，以利學校支援學生。

③ **混沌期：** 大約是第二次宣布停課到六月中的階段，老師們漸漸不再有復課的期待，開始使用最容易上手的的遠距平台（如 Google Meet 和 Google Classroom）、建立了學生和家長的 Line 群組、並學習解決聲音與網路的問題，將實體課程轉到線上進行教學。但這個時候也是教學最混亂的時候，因為大部分的老師沒有遠距教學的經驗，只能把實體課完全移植到線上，此時面臨到線上與實體的教學落差，以及有些孩子家中網路和硬體設備的技術性問題。

④ **適應期**：大約是政府正式宣布停課到暑假，所有老師已經轉到線上教學，並且了解線上教學並不是把實體課直接搬到線上，老師們開始注意到線上互動及學習成效了，例如使用 Kahoot、Quizlet、Nearpod、Jamboard 等線上互動軟體來提升教學的趣味性，這時全台的線上教學已經接近進化完成。

⑤ **新常態**：九月開學，也漸漸要解封復課，但過去的校園生活已經不一樣了，學生要開始分流上課、老師要同時線上和線下上課〔混成學習（Hybrid learning）〕。老師開始注意學生的專注力的變化，引導學生自訂自己的學習目標，彈性的規劃自學、同儕討論、報告、專題及休息，這階段尚未進化，但在不久的未來指日可待。

⭐ 家長的混亂橋階段

不只師生在經歷五階段的混亂橋，家長也同樣在經歷。2020年穩定期階段時，家長沒有因為疫情改變自己面對孩子學習的態度，一樣送學校、上安親班和補習班。然而到了第二階段動盪期時，家長要輪流請防疫假在家陪孩子，學習已經有很大的改變。但大多數的家長還停留在過去填鴨教育的印象中，認為老師沒有持續講課就是教學不認真，但他們忽略了，老師也正開始在學習

線上教學的階段。

因此到了第三階段混亂期，線上教學成效有了大問題，老師可能會期待家長協助孩子的功課，以及學習使用平板。家長卻也面臨到實體與線上課程的落差，造成家長的反彈以及不理解。

★ 家長如何面對停學不停課

雖然很多國家已經進行長短不一的停學不停課，但對台灣來說是第一次，全台教師也都在學習和思考，家長也可以在這段期間好好思考該如何面對遠距教育，個人認為有四大關鍵課題：

① **去除教育外包的想法：**由於現在大多數都是雙薪家庭，家長會期待孩子在白天的教育由學校負責，下課之後則交給補習班，有時反而會忽略家庭教育與陪伴的重要性。在疫情這段期間，由於大部分公司也會給予「防疫照顧假」，就讓這段時間成為「陪伴孩子」的時光，而不只是將所有時間都投入在「遠距工作」。

② **同理學校與老師：**這是台灣有史以來第一次遠距上學，學校和老師一定會有兵荒馬亂的陣痛期，家長和孩子可以同理校方，允許他們有學習和適應的時間，就如同孩子和家長也在適應一樣。有些在學校通常只有資訊或電算中心老師才懂的技術性問題，現在每個老師都要獨自

面對。若家長覺得上課方式有問題，也可以私下與老師溝通。

③ **培養孩子自主學習：**孩子可能在家上課，很快就完成老師交代的作業。若孩子有多一點空白時間，可以帶孩子一起做他們有興趣的學習，例如閱讀、運動、觀看知識類影片。亦可以與孩子設定一項目標，將這目標變成每天都可以執行的小目標，例如每天做 10 分鐘的 Nike Training，透過好習慣的養成，趁此時找出孩子的興趣。

④ **讓孩子參與家庭事務：**當孩子與家長都在家的時候，大人小孩便有機會一起參與許多家務事，例如三餐的準備或是打掃工作，可以邀請孩子一起思考該如何面對，例如可以一起烹飪、一起打掃、一起討論如何省錢、如何互相陪伴、如何有健康的家庭娛樂、如何一起學習精進自己。

高峰學校課程安排

高峰學校課程安排

　　《書宅與阿呆》書裡提到高峰學校（Summit Public School）是位於矽谷的非營利單位，這個學校不論資質和貧富，全部集中在一個包容性的大環境裡，學生裡有 50% 來自墨西哥家庭、42% 來自低收入戶家庭。臉書創辦人祖克柏（Mark Zuckerberg）參觀高峰學校，對於學校的課程設計及教學方法極度感興趣。自 2014 年起，他讓臉書的一組工程師團隊與高峰學校的教師合作，設計個人化的學習平台，並建立臉書與高峰學校的長期合作關係。

　　高峰學校採綜合式學習法，專注培養學生的四大能力：

① **認知技巧**（Cognitive Skills）：包括溝通力、批判思考、合作力和創造力。

② **專業知識**（Content Knowledge）：高峰學校認為廣泛的知識庫才能將認知技巧付諸實踐，因此學術科目還是需

要重視。在這項目中，高峰學校非常重視學習的方法和學習技巧，他們認為學會如何學習的能力，比記憶知識更重要。

③ **成功的好習慣**（Habits of Success）：擁有自律和自我管理的習慣，就足以面對人生 90% 的問題，為何人們常常設了目標卻無法完成，就是因為沒有每天良好的習慣來達成。因此高峰學校重視成功的好習慣，培養學生自發性的自主學習和自我管理。

④ **目標感**（Sense of Purpose）：學生學會知識後，完成不同階段的學歷後，不是只有一張張的文憑，重點是要一份使命感。研究報告指出，當學生了解自己的興趣和技能可以貢獻社會，學生會持續成長茁壯。因此高峰學校每週讓導師固定與每位學生追蹤目標的設定與完成進度，成為學生畢業後的指南。

依照高峰學校的課表時間安排如下表 **表12-1**。

台灣在施行遠距課程的時候，也可以參考高峰學校課表來規劃。第一堂的計畫工作時間可以學習認知技巧能力，第二、三堂的閱讀和自主學習可以學會專業知識能力，問題解決課堂及小組時間可以訓練學生的目標感，導師一對一指導可以追蹤學生的目標完成進度，課後有許多探索和活動課程。每天這樣照表操課，可以培養成功的好習慣。

Daily Schedule	Events
8:30~10:00	▸ 計畫上課時間（Project time）
10:10~11:00	▸ 高峰閱讀（Summit read）
11:10~12:00	▸ 自主學習（Personalized learning）
12:00~13:00	▸ 午休（Lunch break）
13:10~14:00	▸ 高峰問題解決（Summit solve）
14:10~15:30	▸ 導師一對一指導（Teacher consultation）
15:40~17:00	▸ 小組時間（Peer communication）
After school	▸ 體育課、探索課、歌唱、3D、AR/VR、創課

表12-1 高峰學校課表時間

　　如此安排下，老師可以專注在了解學生學習狀態與需求，學生也有更多時間可以適性學習、自主學習、團隊合作、運動、玩耍和學習自律了。

★ 生產力低谷期：百慕達三角洲

　　台灣進行兩個月的全台遠距教學，很多教育專家紛紛在線上分享遠距平台、線上活動工具、遠距教學方法等。不過，我比較想與大家分享是休息的重要性。一般學生 7 點半起床，8 點準時上線上課，每堂課中間可能只有短暫的 10 分鐘休息。午休之後

的課程一般都是由下午 1 點半到 4 點，一整天上完課之後學生與老師可能都已經筋疲力盡了。

丹尼爾・品克的《什麼時候是好時候》，稱下午這段時間為一天當中的「百慕達三角洲」，對生產力、道德和健康而言，是最危險的低谷期。杜克大學醫學中心研究 9 萬場手術，發現手術失誤（包括麻醉不良、誤傷患者等）最常發生在下午 3 點和 4 點之間。研究發現，上午 9 點的不良事件發生率為 1%，但下午 4 點卻是 4.2%，這等於患者在下午手術時被誤傷的機率是上午的 4 倍之多。

不只手術失誤，加州大學教授戴恆晨（Hengchen Dai）與他的同事在 2015 年調查美國 36 間醫院，發現四千多名醫護人員當中，「手部清潔機率」從上午到下午是降低了 38%。也就是說，上午若洗手 20 次，下午可能只減少到 12 次，這若是在現在疫情期間是相當糟糕的失誤。

失誤機率不只出現在醫院，法院也有同樣狀況。在 2011 年，三位社會科學家在以色列曾經進行過一項實驗，針對司法委員會負責處理假釋申請案，大法官負責審理犯人的案件及辯護的理由，科學家發現比起下午，法官更容易在早上做出對囚犯有利的裁決。上午 9 點有 65% 法官會做出有利的判決，但下午 3 點後對犯人有利的判決大約只剩下不到 10%。

休息在學習上的重要性一樣不言而喻，丹麥學生在下午沒有

休息的狀態下考試，成績相當於少上一年的課程，若在考試前有 20 至 30 分鐘的休息時間，他們的成績等於多上三週的課程。

⭐ 戰勝百慕達

面對「百慕達三角洲」低谷期，品克提出五項休息原則，我認為很適合現在遠距教學的師生。

① **延長下課時間**：一般學校上課是 45 分鐘，下課 15 分鐘。雖然專注力是隨年紀發展而拉長，但因為線上上課容易分心，我認為可以大致分成 20 分鐘講課、20 分鐘討論或自主學習、20 分鐘休息。

② **活動提升專注力**：有研究顯示每小時若走動 5 分鐘，可提升活力和專注力，研究人員稱這休息為「活動微爆」（microbursts of activity），且每小時進行 5 分鐘比一天只有一次 30 分鐘走動的效果好。因此要求學生在休息的時候至少讓身體走動或活動 5 分鐘。

③ **鼓勵小組互動**：防疫期間，學生非常需要與同儕互動，老師可以鼓勵休息時間讓學生自己在線上開小組聊天室，鼓勵同學們多交流感情。

④ **戶外勝過室內**：防疫在家的期間每個人可能都悶壞了，老師可以鼓勵學生看看窗外，觀察窗外的景色或走動的人，並回教室分享。

⑤ **完全抽離的休息**：很多人在休息時，還是想著工作或課業。品克提出完全抽離的休息，包括小睡 15 分鐘或靜心冥想，也可以做簡易緩和的瑜珈，讓身體和心理抽離。

遠距教學時，休息時間需要比實體教學時還要多，下午 3 點以後的休息特別重要。建議上午 9 點安排需要大量腦力的科目，中午一定要有午休，下午 3 點後讓學生有大量時間交流感情、放鬆、或安排動態運動。若能掌握生理的黃金時段，我相信遠距教學的效果不會輸給實體教學。

推薦學習資源

推薦書 **《書呆與阿宅》**

Scott Hartley 著，溫力秦譯，寶鼎出版（2018）。

　　在這 AI 和大數據時代，程式學習和 STEAM 教育比過去更被重視，而人文的科系也在這一波浪潮裡，成為新的動能。很多新的商業點子和抓住顧客的心，都是文科生想出來的。本書的書呆（文科書蟲）與阿宅（理科宅男）是兩個領域最強的「怪胎」，舉了很多科技人文結合的實例，讓讀者了解，跨域整合不僅可以了解市場需求，更能解決全球議題。

推薦書 **《什麼時候是好時候：掌握完美時機的科學祕密》**

丹尼爾・品克著，趙盛慈譯，大塊文化出版（2018）。

　　小時候一定有個困擾，爸媽都會說：「長大再交男女朋友」、「找到工作再結婚」、「買了房子和車子再生小孩」、「退休後再出國玩」。到底什麼時候做什麼事似乎都是爸媽說的算，本書以心理學、生物學、神經科學、經濟學提出做事的時機，強調休息的重要性、如何許新年新希望、如何規劃最理想的時間表、還有人生重要階段的理想時間，若能運用本書一兩個技巧，會發現人生有不一樣的改變。

【重點回顧】

- 線上教學時代，四個方式可以幫助家長面對孩子的停課不停學：

  （1）去除教育外包的想法

  （2）同理學校與老師

  （3）培養孩子自主學習

  （4）讓孩子參與家庭事務

- 美國矽谷專收弱勢族群並且進行創新教學的高峰學校，採綜合式學習法，專注培養學生的四大能力，包括認知技巧（Cognitive Skills）、專業知識（Content Knowledge）、成功的好習慣（Habits of Success）、及目標感（Sense of Purpose）。

- 線上教學需要注意學生的休息，讓學生可以面對學習的低谷期，方法有延長下課時間、用活動提升專注力、鼓勵小組互動、戶外勝過室內及完全抽離的休息。

13.

生命意義與自我超越

台灣的教育幾乎從不帶孩子探索自我和人生意義，為何要念書？為何要上大學？可以追求我的興趣嗎？什麼是我的人生意義？當這些都不是教育重點，學生畢業後該如何面對未知的未來？

【新課綱提問】

【故事劇場】

　　小波的爸爸是醫生，媽媽是律師，雖然工作忙碌，他們會抽空陪伴小波，也送小波到最貴的私立學校。小波從小就知道只要考好成績，爸媽就會開心，懂事的他總是自律地讀書和學習。他的目標是考上台大資工系，因為他不僅對寫程式有興趣，也想要讓爸媽開心。

　　從幼稚園到高中，小波都是讀最貴的私立學校，學校重視嚴謹紀律和心理關懷，注重孩子的行為，若有偏差便及時糾正，若發現心理或情緒上的問題，輔導老師馬上關懷。學校重視孩子的興趣，但也重視孩子的考試成績，這是升學導向的適性教學。

　　小波一直很想要擁有一台 PlayStation 的電動遊戲機，爸媽跟他說只要考上大學，就會買給他。小波高中的時候有個心儀的同班同學，但是老師跟爸媽都勸小波到大學再交女朋友。小波對樂團很有興趣，他也因此去學了吉他，但爸媽卻力勸小波高中時不要加入樂團，到大學再去玩樂團。小波是個聽話的好孩子，他除了平常練習寫程式外，還將各個學科都準備得很好，朝台大資工系的目標努力。

　　大學指考結束，小波如願地考上台大資工系。為了兌現高中未完成的願望，小波開始買電玩、交女友、玩樂團。畢業後他進了一間大公司當軟體工程師，領著高薪，短期內就存到了買房的

頭期款。他預備買房，也與戀愛長跑的女友結婚，婚後也順利育有一女。他以為他的人生應該是快樂的。

　　然而每天寫程式的工作，讓他越來越厭倦，漸漸地找不到寫程式的意義。他喜歡與朋友在一起喝酒、玩樂團，像是回到過去大學的生活一樣。小波甚至萌生開一間音樂教室的念頭，想教孩子彈吉他、賣樂器。但是，每天忙碌的加班，他根本沒時間做這些額外的事。小波漸漸懷疑他的工作和人生，他曾想過辭掉工作開一間音樂工作室，但是他有房貸要付、有父母和孩子要養，他知道不能這麼自私的追求自己的夢想，因為他已經 30 歲了。但他還是經常自我懷疑，可以這樣一直工作到退休嗎？

冰山理論 !

⭐ 薩提爾的冰山分析

著名的家族治療心理學家薩提爾，提出冰山理論，將人的內在與外在比喻成水面下與水面上的冰山（如下 **圖13-1**），水面上是表現出來的外在行為，水面下的 5 個內在情緒是所謂的內心戲與價值觀。

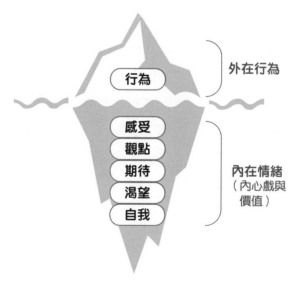

圖13-1 冰山理論

透過小波的例子，我們用冰山理論來分析：

① **行為**：他 16 歲高中的時候表現是聽話、認真讀書、考好成績讓父母高興。

② **感受**：冰山下他可能是感到壓抑，無法做真正想做的事，例如交女友或加入樂團，有時候甚至會感到憤怒。

③ **觀點**：小波可能選擇忽略他的感受，因為他覺得家庭和社會認為他可以考上頂尖大學和科系。

④ **期待**：他對自己的期待應該也是考上頂尖大學，但究竟是為了讓父母高興，還是滿足自己的期待，他不是那麼確定。

⑤ **渴望**：高中時期他渴望交女友或加入樂團，因為做這兩件事情可以讓他覺得無聊的生活裡更有意義，但他最終還是壓抑了這樣的渴望和自由。

⑥ **自我**：這時的小波想要自由的生命力，他以為考上台大資工就可以獲得這樣的生命力，但事實卻不是這樣。

18 歲的小波以為他到達人生的巔峰，大學裡他兌現了他高中時的渴望，玩樂團、交女友、打電動，他同時也兼顧功課，在別人眼中盡力當個會玩又會念書的成功大學生，然而他心裡最熱愛的還是音樂。

雖然他最終還是選擇聽爸媽的話，進到大公司裡當高薪的工程師，年紀輕輕也買房、買車、結婚、生小孩，他的父母總算可

以大聲向親友宣告，他們栽培了一個人生勝利組的兒子。但是小波心裡真正的「自我」一直被忽略，這個挫折可以再用一個冰山理論來分析。

① **行為**：小波一樣認真、聽話，當個好員工、好兒子、好丈夫、好爸爸，因為他認為扮演好這些角色，他的家人和老闆會很高興。其實取悅他人、為別人而活的認知一直沒有改變。

② **感受**：他還是覺得壓抑，他無法做真正想做的事，例如創業開音樂教室、賣樂器，他有時覺得難過、生活空虛、為別人而活。

③ **觀點**：已經 30 歲了，漸漸地承認自己的感受，但是一想到他的房貸和家庭需求，他就無法辭職，家人也認為他在這個環節若選擇他的興趣，是不智之舉，家庭可能因此陷入經濟困頓。

④ **期待**：他自己的期待是可以照顧好家庭、做他有興趣的事，但顯然是跟他人的期待衝突的。

⑤ **渴望**：他想要做有意義的事情，與好朋友一起喝酒、玩音樂、開音樂教室、教音樂，但周遭總跟他說興趣不能當飯吃，偶爾做就好了。

⑤ **自我**：他在 18 歲就想要的自由，他以為考上台大資工會擁有，但顯然不是。他到 30 歲依然想要自由，但是他

無法做出決定。或許這時候他是需要好好跟家人討論他心裡真正的核心本質了。

鼓勵孩子探索自我

台灣的教育很少教小孩探索自己，尋求自己熱愛的事，記得最近在聽百靈果的 Podcast，主持人凱莉談到很多年輕人都想要做 Podcast，但是不知道應該做什麼主題。凱莉說：「年輕人不知道該講什麼主題，也不能怪他們，因為台灣的教育從不訓練學生探索自己的興趣，找自己熱愛的事情，所以如果你不知道要講什麼主題的話，你還是乖乖地當個聽眾吧！」

雖然聽起來像玩笑話，但卻諷刺道出台灣教育的問題。家長總認為孩子考上頂尖大學，畢業後找到高薪工作，就是人生勝利組了。學校的課程安排滿滿的學科，但學生不知道為何要學這些學科，只知道考試會考。考完大學後，學生總像是被解放一樣。

國外學校（例如美國、加拿大、荷蘭、芬蘭、德國等）在學生小時候就強調從做中學，引導學生對周遭產生興趣，鮮少送孩子去補習班，並且適性的尊重孩子喜歡的事物。

相較之下，台灣的父母從孩子出生時就深怕輸在起跑點上。幼稚園就開始讓孩子接觸雙語教學、各項才藝。國中和高中每天被學科占滿，下課後到補習班報到，繼續無止盡補習，只為了考

上頂尖國立大學。孩子在這樣的教育制度下,當然不知道自己熱愛哪些事。這些小孩如何探索自己冰山最底層的「自我」呢?如何了解自己的興趣?如何放膽追求人生的意義呢?如何了解成功和幸福的差異呢?

電影「扭轉奇蹟」

最近看了一部 2000 年上映的老電影《扭轉奇蹟》(*The Family Man*),頗有感觸。男主角傑克決定搭上往倫敦銀行實習的飛機,放棄了家鄉的女友凱特,13 年後成為身價上億的金融證券公司的總經理,開法拉利名車、與名媛淑女夜夜笙歌。在一次加班到深夜的耶誕夜,他遇見了上帝,上帝讓他回到紐澤西小鎮的小房子。紐澤西的傑克沒有當上總經理,他與凱特結婚,有兩個小孩,為了方便照顧岳父,所以在岳父的輪胎店裡工作。老婆是公益律師。夫妻倆薪水不多,傑克為了買兩千塊的西裝,夫妻吵架。傑克想要回到以前的證券公司,卻被警衛擋在外面,把他當成瘋子趕走。

然而他漸漸了解,幫小孩換尿布、送小孩出門,賣輪胎、與親戚朋友聚會、陪小孩遊戲、與老婆心靈交流、遛狗的生活,看似平淡的每一刻卻是格外甜蜜。當他有機會可以重新回到金融公司工作,可以搬到紐約豪華大廈,安排孩子去最貴的私立學校,凱

特卻堅持住在小鎮的房子，過以前的生活，做以前的工作。

當傑克說：「這是我們全家的夢想，進大公司賺大錢，不再吃廉價餐廳、不再剪折價券、不再自己剷雪。妳難道沒有看到我們終於要過上別人羨慕的生活了嗎？」凱特說：「別人已經很羨慕我們現在的生活了。」

傑克說的是別人眼中的成功，而凱特說的是別人眼中的幸福。

⭐ 終於理解看懂「成功」根本不是「幸福」

21 年前我就看過這部電影，當時還是大學生的我，體會不到電影想要傳達的意義，甚至覺得又是一部「回到過去」的普通電影，過著最開始做不一樣決定的生活。當時我甚至覺得凱特是在阻擋傑克往成功邁進。

然而 21 年過去，我終於了解過去的我是多麼的盲目追求所謂的成功──努力完成工作對我的要求，把工作上的成就當成是自己的成功，認為將這成就分享給家人就是最大的幸福。現在我終於理解，這對家人來說根本不是幸福，只是讓多巴胺刺激自己，自以為是的驕傲和自大。

以前的我將工作擺在第一順位，一切都到了我失去光環後，才真正了解家庭和朋友關係的重要，因為那才是真正的幸福。賺

大錢和追求名氣不會讓我在墓誌銘上被懷念的，為家庭和他人付出，讓我的周遭因為有我而變得更快樂，才是會被懷念的。

我現在終於了解，為何我會懷念在美國苦讀博士學位的生活。那時我和老婆才剛結婚，我們住在一間 10 坪的小公寓。生活很單純，假日的行程就是開車兩小時到郊外的華人超市買菜，平時去實驗室幫老闆做研究、晚上回家陪老婆吃晚飯和運動。因為這樣單純的生活才是真正的幸福。

我曾在網路上看過一部影片，一名教授先將高爾夫球倒入大瓶子中，問學生：「瓶子滿了沒？」當學生說滿了，他再放入小石頭、細沙和啤酒。這位教授想要傳達的是，高爾夫球代表最重要的一切，人生要先放重要的事情，再放其他的事，最後放小事。然而很多人可能沒注意到，教授在影片中強調重要的事情是代表什麼呢？是家人、朋友、熱情和健康，而其他的事則是車子、工作、房子。無形的關係是高爾夫球、有形的事物則是小石頭。幸福是高爾夫球，成功只是小石頭而已。

選擇的自由

活出意義

弗蘭克（Viktor E. Frankle）生於奧地利維也納，獲得醫學博士及哲學博士，是一位精神科醫生及教授。在二次大戰時，他與家人被關進集中營，被剝奪了自由、受盡了痛苦和折磨，唯一活下去力量就是渴望再見到妻子和兒女，還有完成「意義治療法」的著作。

在集中營裡，每天工作十小時以上，報酬只有一小碗湯和一小塊麵包。在那樣的環境，與他人相處要表現出冷漠，若露出一點憐憫，可能連活下去的一點點食物都會失去。生病的人會被送到煤氣室，因為集中營無法讓沒有勞動力的人活著，所以即使生病也不能顯露出來。在冬日裡，還要把長滿水泡且腫脹的腳塞到濕透縮水的鞋子裡，繼續在酷寒的天氣下工作。集中營管理擅長使用心理遊戲，例如試探有無人要值夜班，結果想要爭取表現值

夜班的人反而被送到毒氣室。

在這慘無人道的環境裡，很多人即使身體能夠活下去，但最後都死在繁重的精神壓力和恐懼。弗蘭克在這環境裡體會到：「人所擁有的任何東西，都可以被剝奪，唯獨人性最後的自由……不能被剝奪。」意思是指很多人在這環境裡活不下去，是因為他們看不到未來，認為活下去都是痛苦。但弗蘭克選擇他可以掌控「自由」，活下去的意義就是見到他的家人和推廣「意義治療法」，這個選擇的自由讓他成為納粹集中營的倖存者。

弗蘭克的座右銘是尼采的名言：「參透了『為何』，才能迎接『任何』）。」他說在集中營裡，真正能活下來的人都是認為還有重要的任務等著他去完成，這是「參透了為何」的境界。弗蘭克也堅信尼采所說的：「凡殺不死我的，必使我更強大。」當弗蘭克非常痛苦的時候，他會想像出去時見到妻子和孩子的喜悅，會幻想與妻子共處的時光，來降低自己的痛苦，並提升活下去的慾望。他也將意義治療法的手稿寫出來，為後世帶來意義感，也是他活下去的動力。離開集中營後，才知道他的家人都死了，他是唯一的倖存者，最後他把悲痛幻化成「意義治療法」的傳播，成為獨霸一方的心理學派大師和醫師。

⭐ Ikigai 生存的意義

或許從集中營來討論生命的意義太沉重了，那我們可以嘗試從日式哲學 Ikigai 找出自我價值，Ikigai 是源自於日本沖繩，「iki」（生存）加上「gai」（理由）組成的。

茂木健一郎的書《IKIGAI・生之意義》提出從生活的五大支柱開始尋找和體驗生命的意義。例如從小波的例子分析：

① **從小處著手**：小波很想要與朋友一起開音樂教室，可以先在週末時邀請朋友先到家裡教小孩玩樂器。

② **解放自我**：細細感受與家人和朋友在一起的時刻，是歡笑、開心、和享受其中的。

③ **和諧與持續**：享受玩樂器刺激腦中多巴胺，帶來持續的快樂。

④ **些微的喜悅**：暫時不去想如何創業、或工作上的煩惱，而是感受純粹玩樂器、和朋友及家人在一起的喜悅。

⑤ **活在當下**：讓週末沉浸於這樣的歡愉，再開始進入下面 Ikigai 的分析 圖13-2 。

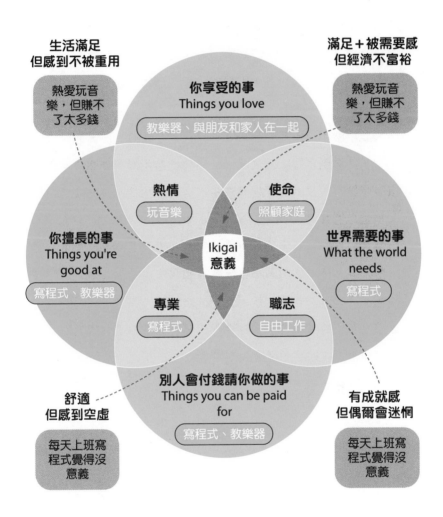

圖13-2 小波的 Ikigai 分析圖

透過這幾個面向尋找最核心的意義，小波透過享受的事、擅長的事、世界需要的事、和別人付錢請他做的事，歸納他的熱情是「玩音樂」、使命是「照顧家庭」、專業是「寫程式」、職志是「自由工作」，在這些中間交錯的是「賺不了太多錢」、「上班沒意義」。

　　因此小波不是不喜歡寫程式，他只是不喜歡上班，他可以做的是，「跳槽到音樂軟體公司」，在那邊他可以發揮他的專業又可以玩音樂，經濟的問題也解決了，且可以認識一些音樂人和藝術家，工作型態會相對的自由和率性。

　　他在公司做幾年後，可以提議由公司出資，發展一間新創公司「音樂教室」，專門教小孩玩音樂和寫程式，相信這一定可以吸引很多家長趨之若鶩，如果他在音樂軟體公司可以找到他的人生意義「自由的生命力」，經濟對他來說已不會造成困擾，且他可以全然享受在他熱愛又擅長的專業上。

　　第三部分　實踐 AI 時代的社會參與

推薦學習資源

推薦書

《活出意義來》

弗蘭克（Viktor E. Frankl）著，趙可式、沈錦惠譯，光啟文化出版（2008）。

　　此書分為兩大部分，上半段描述弗蘭克在集中營的血淚史，下半段說明意義治療法的心理學概念。此書要傳遞的最大理念就是「參透為何而活，即能承受任何煎熬。」無論如何被無情的剝奪，人永遠都有選擇的權利，理解受苦才能找到生命意義、進化到自我超越。

推薦書

《IKIGAI・生之意義》

茂木健一郎著，丁世佳譯，聯經出版公司（2019）。

　　此書帶領人們細心體會簡單生活的本質，從日常小事啟發生命的新事物，經歷心流、創造力、感受日常的幸福、到最後找到自己的 ikigai，是本帶領讀者找到生命意義的書。

【重點回顧】

- 透過冰山理論，觀察表層的行為，透過感受、觀點、期待、渴望階段，一步步往內心深層探索，找出最底層的「自我」。

- 最重要的事情是代表什麼呢？是家人、朋友、熱情和健康，其他的事情則是車子、工作、房子。無形的關係是高爾夫球、有形的事物則是小石頭。幸福是高爾夫球，成功只是小石頭而已。

- 當很多人在集中營因為看不到未來而活不下去時，弗蘭克選擇他可以掌控的「自由」，活下去的意義就是見到他的家人和推廣「意義治療法」，就是這個選擇的自由讓他成為納粹集中營的倖存者。

引用書目

第 1 章

- 查爾斯·杜希格著,鍾玉玨、許恬寧譯,《為什麼我們這樣生活,那樣工作》。大塊文化,2012 年 10 月 1 日
- John J. Medina 著,洪蘭譯,《大腦當家:12 個讓大腦靈活的守則,工作學習都輕鬆有效率(最新增訂版)》。遠流出版公司,2017 年 1 月 20 日

第 2 章

- Berscheid, E., & Reis, H. T. (1998). Attraction and close relationships. In D. T. Gilbert, S. T. Fiske, & G. Lindzey (Eds.), *The handbook of social psychology*. McGraw-Hill.
- 威廉·戴蒙著,許芳菊譯,《邁向目的之路:幫助孩子發現內心的召喚,踏上自己的英雄旅程》。親子天下,2013 年 3 月 26 日
- 葉丙成,《為未來而教:葉丙成的 BTS 教育新思維(全新增訂版)》。親子天下,2018 年 4 月 2 日

第 3 章

- Sung, H. Y., Hwang, G. J., & Yen, Y. F. (2015). Development of a contextual decision-making game for improving students' learning performance in a health education course. *Computers & Education, 82*, 179-190.
- Erikson, E. H. (1993). *Childhood and society* (13th ed.). WW Norton & Company, 1993.
- Van der Horst, C. A., & Albertyn, R. M. (2018). The importance of metacognition and the experiential learning process within a cultural

intelligence–based approach to cross-cultural coaching. *SA Journal of Human Resource Management*, 16(1), 1-11.

- 大衛‧布魯克斯著，廖建容譯，《第二座山：當世俗成就不再滿足你，你要如何為生命找到意義？》。天下文化，2020 年 1 月 21 日

第 5 章

- Batson, C. D., & Shaw, L. L. (1991). Evidence for altruism: Toward a pluralism of prosocial motives. Psychological inquiry, 2(2), 107-122.
- 賴利‧萊佛、麥可‧路里克、派翠克‧林克著，周宜芳譯，《設計思考全攻略：概念 X 流程 X 工具 X 團隊，史丹佛最受歡迎的商業設計課一次就上手》。天下雜誌，2019 年 10 月 2 日

第 6 章

- 黃昆輝。科學管理學派。教育百科，2020 年 https://tinyurl.com/ysnp9cu5
- 張輝誠著，《學思達：張輝誠的翻轉實踐》。親子天下，2015 年 5 月 6 日

第 7 章

- 林士蕙，〈比爾蓋茲開 Podcast 談貧富不均：紓困、教育都無法讓窮人翻身，除非這樣做……〉。遠見，2020 年 11 月 25 日 https://www.gvm.com.tw/article/76090
- 馬國勳，〈「量」的數位落差，「質」的數位落差，以及由家庭所傳承的數位文化資本〉。巷仔口社會學，2019 年 9 月 24 日 https://twstreetcorner.org/2019/09/24/makuohsun/
- 財團法人台灣網路資訊中心，〈數位落差分析〉2020 年 https://report.twnic.tw/2020/TrendAnalysis_DigitalDivideAnalysis.html
- 彭明輝著，《研究生完全求生手冊：方法、秘訣、潛規則》。聯經出版，2017 年 9 月 5 日
- 藍佩嘉著，《拚教養：全球化、親職焦慮與不平等童年》。春山出版，2019 年 6 月 4 日

第 8 章

- Anderson, L. W., & Sosniak, L. A. (1994). *Bloom's taxonomy* (5th ed.). Chicago Press.
- LaFountaine of Knowledge (2018). *Get organized! Tips for setting up a functional classroom.* https://lafountaineofknowledge.wordpress.com/2018/05/06/get-organized-tips-to-help-your-classroom-run-smoothly/
- 珊迪・曼恩著，林力敏譯，《無聊的價值：學會留白，不再愈忙愈空虛，為人生注入樂趣、靈感與創意！》三采文化，2017 年 5 月 26 日
- Masters, K. (2020). Edgar Dale's Pyramid of Learning in medical education: Further expansion of the myth. *Medical education, 54* (1), 22-32.
- 榮・理查特、馬克・邱奇、凱琳・莫莉森著，伍晴文譯，《讓思考變得可見》。大家出版，2018 年 11 月 7 日

第 9 章

- 丹尼爾・格林伯格著，丁凡譯，《用「自主學習」來翻轉教育！沒有課表、沒有分數的瑟谷學校》。橡樹林文化，2016 年 1 月 28 日山口周（2018）
- 山口周著，張婷婷譯，《斜槓時代的高效閱讀法：用乘法讀書法建構跨界知識網，提升自我戰力，拓展成功人生》。采實文化，2018/12/06
- 丘美珍、鄭仲嵐著，《唐鳳：我所看待的自由與未來》。親子天下，2020 年 11 月 4 日

第 10 章

- Gibbs, G. (1988). *Learning by doing: A guide to teaching and learning methods.* Further Education Unit.
- 王政忠著，《我有一個夢：一場溫柔而堅定的體制內革命》。天下文化，2017 年 2 月 24 日
- 王韻齡，〈少子化撲向國中，110 年全國 13 縣市不考正式國中老師〉。親子天下，2021 年 6 月 16 日 https://flipedu.parenting.com.tw/article/6638

- 果哲著，《台灣教育的另一片天空：20 年民間實驗教育的里程碑》。大塊文化，2016 年 8 月 31 日。
- 林奇伯，〈為何台灣淪為蚊子館王國〉。今周刊，2017-12-28 https://tinyurl.com/3npm65ah
- 李祐端，〈幽靈蚊子館 1 ／直擊全台蚊子館激增至 800 處，政府卻稱「已活化 9 成」〉，CTWANT，2021 年 1 月 25 日 https://www.ctwant.com/article/98260
- 教育部統計處，〈107 學年高級中等以下偏遠地區學校概況〉。教育部 2019 年 https://tinyurl.com/2ayd32bh

第 11 章

- 蓋瑞・葛汀著，吳妍儀譯，《哲學能做什麼：公共議題的哲學論辯與思維練習》。橡實文化，2017 年 5 月 25 日
- Hannam, D. (2000). Learning democracy is more than just learning about democracy. *Connect*, (122), 24-28.
- The University of Edinburgh (2020). *Skills: Personal and intellectual autonomy.* Graduate Attributes. https://www.ed.ac.uk/graduate-attributes/framework/personal-intellectual-autonomy
- 顧遠，〈教育的新範式：隨著教育範式的轉變，真正的教育將會更大範圍的發生〉，Aha 社會創新學院 https://tinyurl.com/48rna26v（本篇原文發布於 Aha 社會創新學院微博，現已刪除，故引用自 medium 平台之文章）
- 顧遠，〈真正的教育一定是通向自由的教育〉，Aha 社會創新學院。https://tinyurl.com/4wbre2k2（本篇原文發布於 Aha 社會創新學院微博，現已刪除，故引用自 medium 平台之文章）
- Democratic Education-International Democratic Education Network, "What is democratic Educaion?" https://www.idenetwork.org/index.php/taiwan-what-is-de

第 12 章

- Caseyfire (2010). *The bridge of chaos*. The Yorman Adventure. https://yormans.wordpress.com/2010/12/15/the-bridge-of-chaos/#comments
- 史考特・哈特利著,溫力秦譯,《書呆與阿宅:理工科技力＋人文洞察力,為科技產業發掘市場需求,解決全球議題》。寶鼎出版,2018 年 9 月 5 日
- 丹尼爾・品克著,趙盛慈譯,《什麼時候是好時候:掌握完美時機的科學祕密》。大塊文化,2018 年 5 月 29 日

第 13 章

- 弗蘭克著,趙可式、沈錦惠譯,《活出意義來》。光啟文化,2008 年 3 月 31 日
- Satir, V., Banmen, J., Gomori, M., & Gerber, J. (1991). *The Satir model: Family therapy and beyond*. Science and Behavior Books.
- 茂木健一郎,丁世佳譯,《IKIGAI・生之意義:每天早上醒來的理由,那些微不足道的事物,就是 IKIGAI》。聯經出版,2019 年 5 月 23 日

ISSUE 038

解鎖未來教育：直擊 13 個教育現場，解讀孩子學習問題，共創自發、互動、共好的學習環境

作　　　者	簡志峰
主　　　編	王育涵
責任編輯	鄭莛
責任企畫	林進韋
封面設計	黃馨儀
內頁排版	黃馨儀
總 編 輯	胡金倫
董 事 長	趙政岷
出 版 者	時報文化出版企業股份有限公司
	108019 臺北市和平西路三段 240 號 7 樓
	發行專線｜02-2306-6842
	讀者服務專線｜0800-231-705｜02-2304-7103
	讀者服務傳真｜02-2302-7844
	郵撥｜1934-4724 時報文化出版公司
	信箱｜10899 台北華江橋郵局第 99 信箱
時報悅讀網	www.readingtimes.com.tw
電子郵件信箱	ctliving@readingtimes.com.tw
人文科學線臉書	http://www.facebook.com/humanities.science
法 律 顧 問	理律法律事務所｜陳長文律師、李念祖律師
印　　　刷	綋億印刷有限公司
初 版 一 刷	2022 年 2 月 18 日
定　　　價	新臺幣 350 元

時報文化出版公司成立於一九七五年，並於一九九九年股票上櫃公開發行，於二〇〇八年脫離中時集團非屬旺中，以「尊重智慧與創意的文化事業」為信念。

ISBN 978-957-13-9923-2｜Printed in Taiwan

解鎖未來教育／簡志峰著 .-- 初版 . -- 臺北市：時報文化出版企業股份有限公司，
2022.02｜240 面；14.8×21 公分 . --（Issue；038）
ISBN 978-957-13-9923-2（平裝）
1.CST：教育理論 2.CST：未來教育｜520.1｜110022609